DANISH IN THREE MONTHS

Other titles in this series

FRENCH IN THREE MONTHS
GERMAN IN THREE MONTHS
SPANISH IN THREE MONTHS
ITALIAN IN THREE MONTHS
PORTUGUESE IN THREE MONTHS
DUTCH IN THREE MONTHS
GREEK IN THREE MONTHS
SWEDISH IN THREE MONTHS
JAPANESE SIMPLIFIED
RUSSIAN IN THREE MONTHS
TURKISH IN THREE MONTHS
NORWEGIAN IN THREE MONTHS
ARABIC IN THREE MONTHS
LATIN-AMERICAN SPANISH IN THREE MONTHS

Hugo's Simplified System

Danish in Three Months

Knud Ravnkilde

Hugo's Language Books Limited

ISBN 0 85285 169 3

Written by

Knud Ravnkilde

Contributing consultant
Robin Allan, BA, M.Litt.
Department of Scandinavian Studies, University College London

Set in 10/12 Plantin by
Keyset Composition, Colchester, Essex
Printed and bound by
Courier International Ltd, East Kilbride

Preface

This new Hugo course 'Danish in Three Months' is designed for those people who want to acquire a good working knowledge of the language in a short time, and who will probably be working at home without a teacher. The 'Three Months' series as a whole is renowned for its success in self-tuition, but the books are equally useful as sources of reference if you happen to be attending language classes.

The author, Knud Ravnkilde, is a Danish journalist, translator and writer resident in Britain; he has taken the layman's approach to his native language, teaching only what is necessary, without too much dry and dusty grammar. Where more formal explanation was required we called on the expertise of Robin Allan, Lecturer in Danish at University College London.

'Danish in Three Months' begins with an explanation of the sounds of the language, as far as this is possible in print. If you are working without a teacher, you will find that our system of 'imitated pronunciation' simplifies matters considerably. Using this book together with the related audio cassettes which we have produced as optional extras will add another dimension to your studies. Ask the bookshop for Hugo's Danish 'Three Months' Cassette Course.

In each lesson, elements of grammar are examined, explained and illustrated; there is an exercise or two, with vocabulary lists of useful new words, and the all-important need to build up your conversational skill is one of the foremost considerations in this course. Answers to the exercises are at the back of the book.

Ideally you should spend about an hour a day on the course (maybe a little less if you've not got the cassettes), although there is no hard and fast rule on this. Do as much as you feel capable of doing; it is much better to learn a little at a time, and to learn that thoroughly. At the beginning of each day's session, spend ten minutes recalling what you learned the day before. When you read a conversation, say it out loud if possible (listen to the tape and see how closely you can imitate the native speakers). Study each rule or numbered section carefully and re-read it to ensure that you have fully understood the grammar and examples given. Try to understand rather than memorize; if you have understood, the exercise will ensure that you remember the rules through applying them.

When the course is completed, you should have a good knowledge of Danish – more than sufficient for general holiday or business use, and enough to act as a basis for further studies. We hope you'll enjoy 'Danish in Three Months', and wish you success in learning.

ACKNOWLEDGEMENTS

Grateful thanks to Katie Lewis for her painstaking editing and constructive help in putting this course together; and to the Storm P. Foundation for permission to reproduce some of Storm P.'s 'Flies'.

Contents

Welcome to Danish!

En bedrøvet lektor, tynget af personlige erfaringer:
– Oprindeligt var sproget et middel til forståelse – men efterhånden er det blevet et middel til misforståelse.

Soon, you will be able to read for yourself that this says: 'A sad lecturer, weighed down by personal experience: "Originally, language was an aid to understanding – but in the course of time, it has become an aid to misunderstanding." '

So wrote the Danish cartoonist and humorist Robert Storm Petersen, known as Storm P., whose drawings and writing during the first half of this century came to represent the quintessence of Danishness. His 'Flies', philosophical asides, speckle this book as an aid to understanding what tickles Danes and makes them tick.

As he also made a thoughtful character say: *'Selvom man ikke kan stave ordet 'desinficere', kan man godt leve i bedste velgående og opnå en høj alder.'* 'Even if one cannot spell the word "disinfect" it is quite possible to live in the best of health and reach a great age.'

True, true, Storm P. But there's a lot of joy in getting to know people of other nationalities better – and the brave purchaser of this book wants to start with <u>your</u> Danes.. . .

Danish is <u>not</u> a difficult language to learn when compared to French, German, Italian and many others. Its grammar is considerably less complex, and in some respects even easier than English, with which it shares a good deal of vocabulary and structural rules. On paper, therefore, it should be one of the easiest languages for an English-speaker to learn. It belongs to the Germanic group of languages, as does English – in which one frequently meets words absorbed from Danish in Viking times. In modern times, the Danish glossary has had such an influx of English/American terms that it alarms language purists!

What is more, and probably very surprising, even though Danish is not written in a phonetic way, English-speaking people have few problems with its pronunciation if they approach it boldly, without the self-hypnosis of the ridiculous 'We-British-are-not-good-at-languages' attitude. In fact, all of its non-English sounds are very familiar to a Scot, especially Glaswegians! Once Britons have learnt the language, most of them speak it without a strong accent. This is really quite natural, English itself being composed of more tongues than any other language.

It is a help when you meet Danes, of course, that a large proportion of Denmark's population speaks English well – or even excellently. (A help, that is, if you can make it clear to them that you want to learn Danish and not to be impressed by their English!) More important is the fact that the level of primary and secondary education in Denmark is uniform and the general quality of the spoken Danish good. No social or geographical sector speaks significantly more carelessly than others. Furthermore, today only about five per cent have a strong dialect.

As an additional bonus, many who have learnt Danish confirm that they also understand a fair amount of Norwegian and even of Swedish.

The long-proven Hugo method is to teach only what is really essential. We assume that you want to learn Danish from a practical angle, so the lessons contain those rules of grammar that will be of most help in this respect. Few people remember grammatical theory and expressions from their school-days. Whereas it is impossible in any course to avoid 'grammarese' completely, we have endeavoured to reduce it to a minimum. The English translations are not, of course, in polished English, but remain reasonably literal to help you master the Danish constructions.

So, without more ado, let's start work with the pronunciation of Danish – remember, it's not as hard as you might think!

Pronunciation

The Danish alphabet has three vowels – æ, ø and å – that are not found in English, and the language features a few sounds which often amuse English speakers. Pronunciation, however, can be an entertaining part of learning and if you read and practise this section carefully, you will soon get used to it.

While written Danish is certainly not phonetic, there is greater uniformity than in English in the relationship between written and spoken Danish. The same group of letters tends to carry the same sound. There is no equivalent to 'thorough, through, rough, Slough'.

In Danish as in English, many letters are pronounced in more than one way. Study the points below, and your pronunciation should come close to correct Danish. Hugo's Imitated Pronunciation system is provided in the early lesson as an approximation, and the right-hand column below shows the English letters chosen to represent the sound concerned in the Imitated Pronunciation. The best route to correct pronunciation, though, is to use our audio-cassettes of selected extracts from this book.

Accents are used only to indicate stress on the letter **e** in some words: **dér er det** '*there* it is'; **allé** [al-ley'] as opposed to **alle** [al-l*e*]. Umlauts (ä, ö and ü) are occasionally seen in names of foreign origin. They correspond in sound to the Danish æ, ø and y respectively.

The glottal stop, or **stød,** is a distinctive feature of the Danish language. It is produced by briefly interrupting the sound, as if abruptly applying a brake – something like the Cockney glottal stop in 'wha'?' Don't worry if you find these glottal stops difficult at first; some regional variants of Danish don't feature them at all. For the sake of accuracy, however, glottal stops are indicated, by an apostrophe, in the Imitated Pronunciation:

kalv [kal'] **kalve** [kal-v*e*]

In the Imitated Pronunciation, stress is shown in words of more than one syllable by underlining the stressed syllable.

Vowels

In general, Danish vowel sounds are much shorter than English vowels. In the Imitated Pronunciation we have marked long vowel sounds with a colon (:). Where you see a vowel without a colon, remember to keep it short, even if it would be long in English.

Before a double consonant, vowels are always short. Before a single consonant followed by another vowel, they are almost always long.

siden [see:-th*e*n]; **sidde** [si-th*e*]

Vowel sounds are pure, never diphthongs, and where two vowels appear side by side they are sounded separately, as two separate syllables, rather than running together into a diphthong, as English vowels do. (Words of foreign origin are sometimes excepted.)

Danish vowel		*Imitated Pronunciation*
a	short, as in the English 'cat':	[a]
	mad [math]; **lappe** [lab-b*e*]	
	And long, the same sound lengthened:	[a:]
	lave [la:-v*e*]; **have** [ha:-v*e*]	
	Before **r** the sound is broader, as in English 'far':	[ah]
	var [vah]; **far** [fah:]	
e	short, as the 'e' sound in French 'les' or the beginning of the 'ey' in 'they':	[ey]
	se [sey']; **regulere** [rey-goo-ley-r*e*]	
	long, the same sound lengthened:	[ey:]
	lede [ley:-th*e*]	
	Before **r** it often takes on the sound of English 'air':	[ay]
	er [ayr]; **dér** [day'r]; **her** [hay'r]	
	But **-er** at the end of the word, where unstressed, is rather like the English 'or':	[or]
	maler [ma'-lor]	

Similarly, unstressed **-e** is very like the 'e' of 'the' in English: [*e*]
hale [ha:-l*e*]

i long, as the English 'ee' in 'seen': [ee:]
lide [lee:-th*e*]; **time** [tee:-m*e*]
short, the same sound but shorter: [ee]
ti [tee']; **energi** [ey-nayr-gee']
sometimes as 'i' in 'ink': [i]
blink [blink]; **ringe** [ring-*e*]

o like the French 'eau', the Northern English 'o' of 'coal' or German 'o' of Chancellor Kohl: [oh]
tro [troh']; **trone** [troh:-n*e*]
Sometimes **o** sounds more like a short **å** (see below): [o]
kop [kop]
And sometimes, especially before **r,** a sound approaching English 'aw' as in 'law': [aw]
derfor [dayr-faw]; **hvor** [vaw']

u short, as English 'oo' in 'fool', only shorter: [oo]
sult [sool't]; **nu** [noo]
long, the same sound lengthened: [oo:]
mulig [moo:-lee]
Sometimes **u** sounds similar to the 'u' sound of English 'put': [u]
kul [ku'l]; **lunden** [lun'-*e*n]

y This is a pure sound that doesn't exist in English. It is very like the 'ü' of German and the French 'u' in 'lune'. You can produce it by rounding your lips and saying 'ee': [ew]
ny [new']; **by** [bew']; **flyve** [flew-v*e*]

æ very like the English 'e' in 'bed': [e]
mænd [men']
long, the same sound lengthened: [e:]
sæde [se:-th*e*]
Sometimes the sound comes closer to the first part of the English 'ay' in 'tray': [ay]
træet [tray-*e*t]

ø	Another difficult sound for English speakers. It is like German 'ö' and French 'eu' in 'peu', and can be produced by rounding your lips and saying 'e' (as in 'bed'):	[uh]
	kø [kuh']; **øst** [uhst]; **købe** [kuh:-b*e*]	
	Before **r** it comes close to the English 'ur' of 'fur':	[ur]
	mørke [mur-k*e*]; **før** [fur']	
å	short, like the 'o' in 'hot':	[o]
	måtte [mot-t*e*]; **trådte** [trot-t*e*]	
	long, something like the English 'o' of 'oh':	[oh]
	åen [oh:-*e*n]; **på** [poh']	

Diphthongs

Danish diphthongs occur when some vowels precede **g, j** or **v**. Preceded by a vowel, **g** and **j** become very soft, like 'i':

ig, ej, eg	This sounds like the English 'i' of 'fine', or 'y' as in 'my':	[y]
	mig [my]; **rejser** [ry-sor]	
øj, øg	something like the English 'oy' of 'boy':	[oy]
	støj [sdoy']; **røg** [roy']	

Preceded by a vowel, the **v** often becomes very soft, almost like an unstressed 'u':

av, ov	as in English 'how':	[ow]
	hav [how'], **lov** [low']	
ev	**evne** [eyu-n*e*]	[eyu]
øv	**søvnig** [suhu:-nee]	[uhu]
iv	**livlig** [liu-lee]	[iu]
yv	**syv** [sew'u]	[ew'u]

Consonants

b	as in English:	[b]
	bål [bo'l]	

c	as ‘s’ in ‘sit’: **cigar** [si-gah’]	[s]
d	at the beginning of a word, as in English: **dam** [dam’]	[d]
	After a vowel, very soft as ‘th’ in ‘the’ (never as ‘th’ in ‘thistle’): **tid** [tee’th] (remember soft ‘th’, not ‘teeth’!]; **bede** [bey:-th*e*] It is always silent before **t** and after **l, n** and **r**, and often silent before **s:** **godt** [got]; **ild** [eel’]; **mand** [man’]; **jord** [yaw’r]	[th]
f	as in English: **fuld** [fool’]; **straf** [straf]	[f]
g	At the beginning of a word, the hard ‘g’ of ‘good’: **godt** [got]	[g]
	In words of foreign origin, it occasionally sounds like ‘sh’ in ‘shell’: **geni** [sjey-nee’]; **genert** [sjey-ney:rt] Following a vowel, as in diphthongs, the **g** is almost silent, or often like an English ‘i’, and is represented in a variety of ways in the Imitated Pronunciation: **bag** [ba:’i]; **dage** [da:-y*e*]; **ryge** [rew:-y*e*]; **pigen** [pee:-y*e*n] In the ending **-ig g** is frequently silent: **endelig** [en-n*e*-lee] Many **-og** endings, as in **bog**, have a long ‘oh’ sound followed by a breath through almost closed teeth [boh:’h].	[sj]
	ng is always pronounced as in English ‘sing’, never with a separate ‘g’ sound as in ‘finger’: **englænder** [eng-len-or]	[ng]
h	as in English: **hænderne** [hen’-nor-n*e*] except before **v** and **j**, where it is silent: **hjælp** [yel’b]; **hvilken** [vil-g*e*n]	[h]

j	like English 'y' in 'yet': **jord** [yaw'r]	[y]
	In words taken from English, occasionally 'j' as in 'jungle': **job** [djob]	[dj]
	In a few words of foreign origin (especially French), like 'sh' as in 'shell': **journalist** [sjoh-na-leesd]	[sj]
k	as in English: **kartoffel** [kah-tof-f*e*l]	[k]
	except that, unlike in English, it is sounded before **n,** like English 'acne': **knive** [cnee:-v*e*]; **Knud** [cnoo'th]	[cn]
	In the middle of a word often softer like **g**: **ikke** [ig-g*e*]; **malke** [mal-g*e*]; **skole** [sgoh-l*e*]	[g]
l	as in English 'light': **lys** [lew's]	[l]
m	as in English: **meter** [mey'-dor]	[m]
n	as in English: **nej** [ny']	[n]
p	at the beginning or end of a word, as in English: **par** [pah]; **klip** [kleep]	[p]
	sometimes within a word, and particularly when doubled, like a 'b': **suppe** [sub-b*e*]	[b]
q	very rare: **qu** as 'kv': **quiz** [kvees]	[kv]
r	Slightly guttural, like the Scottish 'r': **røvere** [ruh:-v*e*-r*e*]	[r]
	At the end of a word or syllable, almost silent like the 'r' in 'where': **bedstefar** [be-sd*e*-fah:]	

s	as the English ‘s’ in ‘sit’ and never as in ‘rise’: **sid** [si’th]; **næse** [ney:-s*e*]	[s]
t	as in English: **tit** [//] except in the middle of a word, where it softens to a ‘d’ (particularly when doubled): **tante** [tan-d*e*]; **atten** [ad-d*e*n] and at the end of a word, where it is sometimes mute: **det** [dey] There is a growing tendency to pronounce the **-et** ending as a soft **d**, so that **huset** becomes [hoo’-s*e*th].	[t] [d]
v	as in English: **hvordan** [vaw-dan] except in diphthongs (see above): **navn** [now’n] and after **l** at the end of a syllable, when it is usually silent: **tolv** [tol’]; **halv** [hal’]	[v]
w	very rare except in names etc. of foreign origin: as ‘v’, and **wc** is [vey’-sey’]	[v]
x	rare, at the beginning of a word like ‘s’: **xylofon** [sew’-loh-foh’n] at end of syllable or word ‘ks’ as in English: **saxofon** [saks-oh-foh’n]	[s] [ks]
z	(also rare) like ‘s’: **zebra** [sey:-brah]	[s]

The Danish alphabet

A	[a']	I	[ee']	Q	[koo']	X	[egs]
B	[bey']	J	[yoth]	R	[ayr]	Y	[ew']
C	[sey']	K	[koh']	S	[es]	Z	[sed]
D	[dey']	L	[el]	T	[tey']	Æ	[e']
E	[ey']	M	[em]	U	[oo']	Ø	[uh']
F	[ef]	N	[en]	V	[vey']	Å	[oh']
G	[gey']	O	[oh']	W	[dawb-belt vey']		
H	[hoh']	P	[pey']				

Hugo's Imitated Pronunciation

Any system of 'imitated pronunciation' (where the sound of the foreign word is written down as if it were in English syllables) is bound to have drawbacks. The author of this book has strong reservations about the system, since it is impossible to reproduce the subtleties of foreign sounds through English sounds. Authentic Danish pronunciation can only be achieved by listening to native speakers and copying them. However, some students will not have access to native Danes, either in person or on our cassettes, so we have included this well-known feature of Hugo language courses which has proved helpful for such students in the past.

Remember that in the Imitated Pronunciation:

[a] is as in 'cat', not as in 'fate'
[e] is as in 'bed', not as in 'me'
[i] is as in 'ink', not as in 'bite'
[u] is as in 'put', not as in 'cut'
[g] is as in 'get', not as in 'gentle'
[s] is as in 'sit', not as in 'rise'
[th] is as in 'the', not as in 'think'
[ng] is as in 'sing', not as in 'finger'

Underlining indicates stress. A colon (:) means the vowel is long, and an apostrophe (') shows the glottal stop. // indicates that the pronunciation is as in English.

Lesson 1

1 Subject pronouns ('I', 'we') and key verbs ('to be', 'to have')

As in English, the two verbs **at være** ('to be') and **at have** ('to have') are particularly important.
Feast your eyes on this:

at være		[at vay-r*e*]	to be
jeg	**er**	[yai (rhyme with 'my') ayr]	I am
du	**er**	[doo]	you *fam sing* are
De	**er**	[dee]	you *pol sing* are
han	**er**	[han]	he is
hun	**er**	[hoon]	she is
den	**er**	[den]	it *common gender* is
det	**er**	[dey]	it *neuter gender* is
vi	**er**	[vee]	we are
I	**er**	[ee]	you *fam plur* are
De	**er**	[dee]	you *pol plur* are
de	**er**	[dee]	they are

at have		[at ha:-v*e*] or [ha] or [ha:']	to have
jeg	**har**	[hah]	I have
du	**har**		you *fam sing* have
De	**har**		you *pol sing* have
han	**har**		he has
hun	**har**		she has
den	**har**		it *common gender* has
det	**har**		it *neuter gender* has
vi	**har**		we have
I	**har**		you *fam plur* have
De	**har**		you *pol plur* have
de	**har**		they have

The form of Danish verbs ('doing words') is the same regardless of who or what they refer to, a feature found in few other languages!

On the other hand, Danish, in common with most European languages, has different forms of the verb for the present, past etc. Most of them change according to a regular pattern, whereas others – such as these two – are irregular. Regular or irregular, the present tense, as here, almost always ends with an **r**: 'they run': **de løber** [luh'-bor]; 'we walk': **vi går** [gaw']. More about this in Lesson 2.

Danish, like many other languages, features an informal, familiar form of address, **du** (or **I** when talking to more than one person), and a polite or formal form, **De** (used for both singular and plural). Whichever form you use makes no difference to verbs, adjectives or adverbs. The formal **De** and the informal **I** are both spelt with capital letters (which avoids confusion with **de** and with **i** 'in').

There is a strong trend in Denmark towards dropping the polite form altogether. On the other hand, particularly with people older than yourself, or customers, it is wise to *begin* with the formal address and leave it to them to use **du** if they wish. This is all reminiscent of the unwritten first name rules in English!

The two words for 'it', **den** and **det**, are used to refer to different genders (common and neuter), which are explained in the next section.

2 Articles and nouns – 'a house', 'the dog'

In English, gender is only shown by pronouns ('he', 'she' and 'it'). It has no effect on the other components of a sentence. In other European languages there are different words for 'a' and 'the' depending on gender (French 'le', 'la'; German 'der', 'die', 'das').

In Danish, nouns (things, beings, concepts, etc.) are either 'common' (**en** [in]) or 'neuter' (**et** [it]) gender, abbreviated to *c* and *n* respectively.

In the indefinite ('a') form, **en** and **et** precede the noun – as in 'a house', **et hus** [et hoo's], 'a dog', **en hund** [en hoon']. In the definite ('the') form, they are added to the *end* of the word: 'the house', **huset** [hoo'-s*e*th], 'the dog', **hunden** [hoon'-n*e*n].

These examples show the indefinite ('a') form and the definite ('the') form:

(common gender)

en dansker	**danskeren**	Dane
[dan-sgor]	[dan-sgor-*en*]	
en mand	**manden**	man
[man']	[man'-n*e*n]	
en by	**byen**	town
[bew']	[bew'-*en*]	
en kø	**køen**	queue
[kuh']	[kuh'-*en*]	

(neuter gender)

et loft	**loftet**	loft, ceiling
[lofd]	[lof-d*e*th]	
et ben	**benet**	bone, leg
[bey:'n]	[bey:'n-*e*th]	
et hold	**holdet**	team
[hol']	[hol'-*e*th]	
et forsøg	**forsøget**	attempt
[faw-suh']	[faw-suh'-*e*th]	
et træ	**træet**	tree
[tray']	[tray'-*e*th]	

So if it is **n** fore, it's **n** aft, as **t** follows **t**. Remembering this will make it much easier to learn other aspects of Danish, though the effects of the gender on other components of a sentence are relatively limited and not too complex.

If the noun ends with an unstressed **e** the definite form only adds the **n** or the **t**.

kaffe	**kaffen**	coffee
[kaf-f*e*]	[kaf-f*e*n]	
en pige	**pigen**	girl
[pee:-y*e*]	[pee:-y*e*n]	
en kvinde	**kvinden**	woman
[kvin-n*e*]	[kvin-n*e*n]	
et tæppe	**tæppet**	carpet
[tep-p*e*]	[tep-p*e*th]	
et menneske	**mennesket**	human being
[men-n*e*-sk*e*]	[men-n*e*-sk*e*th]	

Nouns which end with a stressed **e** still, however, take the full ending. These are likely to have one syllable only, or to have an accent on the **e** to show stress.

te	**teen**	tea
[tey']	[tey'-*e*n]	
en ske	**skeen**	spoon
[skey']	[skey'-*e*n]	
en kafé	**kaféen**	café
[ka-fey']	[ka-fey'-*e*n]	

In nouns which end with a stressed vowel followed by a single consonant (and in one or two other cases) the consonant is often doubled before the usual ending is added. This consonant doubling should be noted from the outset because it is a pattern which occurs in other Danish words as well.

en kop	**koppen**	cup
[kop]	[kop-p*e*n]	
en stak	**stakken**	stack
[stak]	[stag-g*e*n]	
et kys	**kysset**	kiss
[kuhs]	[kuhs-s*e*th]	

A limited number of nouns ending with unstressed **el, en,** or **er** drop an **e** in the definite form, though in some cases either is correct:

en cykel	**cyklen**	bicycle
[sew-k*e*l]	[sewk-l*e*n]	
en himmel	**him(me)len**	heaven/sky
[him-m*e*l]	[him-(m*e*l-)l*e*n]	
et teater	**teat(e)ret**	theatre
[tey-a'-tor]	[tey-a'-t(*e*-)r*e*th]	
en frøken	**frøk(e)nen**	unmarried woman
[fruh'-g*e*n]	[fruh'-g*e*n-*e*n]	

This is a pattern which occurs in other areas of Danish as well.

No western language has a hard and fast rule by which you can determine the gender of a noun. Even the fact that, in Danish, the vast majority of beings and their occupations are **en** is of limited use. The gender has to be remembered. You may find this easier if when learning your vocabulary you include the definite form **pigen** 'the girl' rather than just **pige** or **en pige**. So, when you practise while walking the dog, be definite and repeat **en hund – hunden, et træ – træet, et ben – benet** in your mind, rather than **en hund** on its own.

In Danish, the article 'a/an' is often left out, particularly where profession, nationality etc. are concerned (perhaps because you can be one Dane, journalist, etc. only!) Also, nationalities are not spelt with a capital letter.

Jeg er dansker, De er skotte. [Yai ayr dan-sgor, dee ayr sgod-d*e*] I am a Dane, you are a Scot.
Han er journalist, hun er fotograf. [Han ayr sjoh-na-leesd, hoon ayr foh-toh-grah'f] He is a journalist, she is a photographer.

Exercise 1

Aided by the c *and* n *indications, give the definite form of the words below. An asterisk ⋆ indicates that the single consonant is doubled.*

1	**vindue** *n*	[vin-doo]	window
2	**gulv** *n*	[gul']	floor
3	**lampe** *c*	[lam-p*e*]	lamp
4	**klubhus** *n*	[kloob-hoo's]	clubhouse
5	**mursten** *c*	[moor-stey'n]	brick
6	**fabrik⋆** *c*	[fa-breek]	factory
7	**knæ** *n*	[cney']	knee
8	**bager** *c*	[ba:-yor]	baker
9	**bog** *c*	[boh:'h]	book
10	**æg⋆** *n*	[e:'g]	egg

3 Plural of nouns – 'women', 'houses'

There are some similarities between English and Danish where the plural of nouns is concerned. In both languages, the plural is sometimes formed simply by changing the vowel of the stem ('man – men'; Danish: **mand – mænd** [men']). While, in English, plurals are commonly formed by adding 's' or 'es', the most common Danish plurals end in **e** or **er** in the *indefinite*. The *definite* plural always adds a further **ne** or **ene**.

Plural endings are not affected by gender.

(a) The majority of Danish nouns add **er** for the indefinite plural, or, if they already end in unstressed **e**, just **r**. In the definite form they add a further **ne**.

flower	**en blomst**	**blomster**	**blomsterne**
	[blom'sd]	[blom'-sdor]	[blom'-sdor-n*e*]
piano	**et klaver**	**klaverer**	**klavererne**
	[kla-vey'r]	[kla-vey'-ror]	[kla-vey'-ror-n*e*]
woman	**en kvinde**	**kvinder**	**kvinderne**
	[kvin-n*e*]	[kvin-nor]	[kvin-nor-n*e*]
Scot	**en skotte**	**skotter**	**skotterne**
	[sgod-d*e*]	[sgod-dor]	sgod-dor-n*e*]
meeting	**et møde**	**møder**	**møderne**
	[muh-th*e*]	[muh-thor]	[muh-thor-n*e*]
garden	**en have**	**haver**	**haverne**
	[ha:-v*e*]	[ha:-vor]	[ha:-vor-n*e*]

And so on:

lady	**en dame**	**damer**	**damerne**
	[da:-m*e*]	[da:-mor]	[da:-mor-n*e*]
place	**et sted**	**steder**	**stederne**
	[sdeth]	[sde-thor]	[sde-thor-n*e*]
idea	**en idé**	**ideer**	**ideerne**
	[ee-dey']	[ee-dey'-or]	[ee-dey'-or-n*e*]

As with the definite ending, most nouns that end with a stressed vowel followed by a consonant double that consonant when adding the plural ending:

bus	**bus(sen)**	**busser**	**busserne**
	[boos]	[boos-sor]	[boos-sor-n*e*]
cigarette	**cigaret(ten)**	**cigaretter**	**cigaretterne**
	[see-ga-ret; see-ga-ret-tor; see-ga-ret-tor-n*e*]		
principle	**princip(pet)**	**principper**	**principperne**
	[prin-seep; prin-seep-por; prin-seep-por-n*e*]		
shop	**butik(ken)**	**butikker**	**butikkerne**
	[boo-teek; boo-teek-kor; boo-teek-kor-n*e*]		
toffee	**karamel(len)**	**karameller**	**karamellerne**
	[ka-ra-mey'l; ka-ra-mey'l-lor; ka-ra-mey'l-lor-n*e*]		

Usually, if the vowel in the last syllable is long the consonant remains single:

camel	**kamel(en)**	**kameler**	**kamelerne**
	[ka-mey:'l]	[ka-mey:'-lor]	[ka-mey:'-lor-n*e*]

Nouns ending with **er**, **en** or **el** in the singular often lose the **e** of their ending when the plural ending is added, and any double consonant before the **e** becomes a single consonant:

sister	**en søster**	**søsteren**	**søstre**	**søstrene**
	[suhs-dor]	[suhs-dor-*e*n]	[suhs-dr*e*]	[suhs-dr*e*-n*e*]
uncle	**en onkel**	**onklen**	**onkler**	**onklerne**
	[on-k*e*l]	[on-kl*e*n]	[on-klor]	[on-klor-n*e*]
fork	**en gaffel**	**gaflen**	**gafler**	**gaflerne**
	[gaf-f*e*l]	[gaf-l*e*n]	[gaf-lor]	[gaf-lor-n*e*]
prison	**et fængsel**	**fængslet**	**fængsler**	**fængslerne**
	[feng'-s*e*l]	[feng'-sl*e*th]	[feng'-slor]	[feng'-slor-n*e*]
bicycle	**en cykel**	**cyklen**	**cykler**	**cyklerne**
	[sew-k*e*l]	[sew-kl*e*n]	[sew-klor]	[sew-klor-n*e*]

(b) Some *indefinite* plural forms add **e**, with a further **ne** in the *definite* form.

house	**hus(et)**	**huse**	**husene**
	[hoo'-s*e*th]	[hoo-s*e*]	[hoo-s*e*-n*e*]
knife	**kniv(en)**	**knive**	**knivene**
	[cnee'-v*e*n]	[cnee:-v*e*]	[cnee:-v*e*-n*e*]
sparrow	**spurv(en)**	**spurve**	**spurvene**
	[spoo:r-ven]	[spoo:r-v*e*]	[spoo:r-v*e*-n*e*]
leaf	**blad(et)**	**blade**	**bladene**
	[bla:-th*e*th]	[bla:-th*e*]	[bla:-th*e*-n*e*]
table	**bord(et)**	**borde**	**bordene**
	[baw'-r*e*th]	[baw-r*e*]	[baw-r*e*-n*e*]

In some nouns of common gender which end in **er** the final **e** of the indefinite plural disappears in the definite plural before the **ne** ending. Native Danes tend to pronounce the **ere** ending as one long indistinct sound:

butcher	**slagter(en)**	**slagtere**	**slagterne**
	[slag-tor-*e*n	[slag-tor-*e*]	[slag-tor-n*e*]
baker	**bager(en)**	**bagere**	**bagerne**
	[ba:-yor-*e*n]	[ba:-yor-*e*]	[ba:-yor-n*e*]

Dane	**dansker(en)**	**danskere**	**danskerne**
	[dan-sgor-*e*n]	[dan-sgor-*e*]	[dan-sgor-n*e*]

This group also includes a few English-speaking nationals, such as:

amerikanerne [a-me-ree-ka:'-nor n*e*], **australierne** [ow-stra:'-lee-or-n*e*], **canadierne** [ka-na:'-dee-or-n*e*], **englænderne** [eng-len'-or-n*e*], **irerne** [ee'-ror-n*e*], **waliserne** [va-lee'-sor-n*e*].

Again, some nouns ending in **er, en** or **el** in the singular often drop the **e** of their ending and make double consonants single before the plural ending:

warehouse	**lager(et)**	**lag(e)re**	**lag(e)rene**
	[la:-yor-*e*th]	[la:-ror]	[la:-ror-n*e*]
summer	**sommer(en)**	**somre**	**somrene**
	[som-mor-*e*n]	[som-ror]	[som-ror-n*e*]
winter	**vinter(en)**	**vintre**	**vintrene**
	[veen'-tor-*e*n]	[veen-tror]	[veen-tror-n*e*]

(c) One group of nouns is the same in singular and plural *indefinite*, and adds **ene** in the definite plural:

leg	**ben(et)**	**ben**	**benene**
	[bey'n-*e*th]	[bey'n]	[bey'n-n*e*-n*e*]
animal	**dyr(et)**	**dyr**	**dyrene**
	[dew'-r*e*th]	[dew'r]	[dew'-r*e*-n*e*]
train	**tog(et)**	**tog**	**togene**
	[toh'-*e*th]	[toh:'h]	[toh'-*e*-n*e*]
mouse	**mus(en)**	**mus**	**musene**
	[moo:'s-*e*n]	[moo:'s]	[moo:'s-*e*-n*e*]
glass	**glas(set)**	**glas**	**glassene**
	[glas-*e*th]	[glas]	[glas-*e*-n*e*]

The last example is of a noun which does not change in the *indefinite* plural but where the extra consonant still has to be added in the definite plural.

(d) Others in all three groups also change the stem vowel, just like the English 'woman – women'.

en ko a cow	**køer** cows	**køerne** the cows
[koh']	[kuh'-or]	[kuh'-or-n*e*]
en bonde a farmer	**bønder** farmers	**bønderne** the farmers
[bohn-n*e*]	[buhn'-nor]	[buhn'-nor-n*e*]

et barn a child	**børn** children	**børnene** the children
[bah'n]	[bur'n]	[bur'-n*e*-n*e*]
en mand a man	**mænd** men	**mændene** the men
[man']	[men']	[men'-*e*-n*e*]
en gås a goose	**gæs** geese	**gæssene** the geese
[goh's]	[ges]	[ges-s*e*-n*e*]

This change of vowel in the plural occurs in several nouns referring to family members. Three of these offer the slight complication that whilst their original form is the basis for the plural, a shortened, modern form is now used almost exclusively in the singular:

mother	**moder(en) (mor)**	**mødre**	**mødrene**
	[moh:-thor (maw)]	[muhth-r*e*]	[muhth-r*e*-n*e*]
father	**fader(en) (far)**	**fædre**	**fædrene**
	[fa:-thor (fah:)]	[fayth-r*e*]	[fayth-r*e*-n*e*]
brother	**broder(en) (bror)**	**brødre**	**brødrene**
	[broh:-thor (braw)]	[bruhth-r*e*]	[bruhth-r*e*-n*e*]

(e) Teasers

One complete irregularity is:

øje(t) eye	**øjne** eyes	**øjnene** the eyes
[oy-*e*th]	[oy-n*e*]	[oy-n*e*-n*e*]

Menneske(t) 'human being' is regular in the indefinite plural, but has an unexpected definite plural: **mennesker, menneskene** [men-n*e*-skor, men-n*e*-sk*e*-n*e*].

Two examples of nouns which are singular in English but plural in Danish: **penge, pengene** [peng-*e*-n*e*] 'money, the money' and **møbler, møblerne** [muh-blor-n*e*] 'furniture'. (**Et møbel** is 'a piece of furniture'.)

As with gender, you will need to learn the way each noun forms its plural, so from now on we shall include this information in vocabulary lists, e.g. **kvinde (-n, -r)** means that **kvinde** is common gender (**en kvinde**) and takes **-r** in the plural (**kvinder**). If the stem changes, as with **barn,** the full word will be given: **(-et, børn)**. And if it stays the same in the indefinite plural, like **glas,** that will be indicated by a dash **(-set, -)**. Try it out in Exercise 2.

Exercise 2

Form the plural, indefinite and definite, of these nouns, some of which you've met before:

Example: **pæl (-en, -e)** [pey'l] pole
pæl – pæle – pælene

1	**dreng (-en, -e)** [dreng]	boy
2	**top (-pen, -pe)** [//]	top
3	**hund (-en, -e)**	
4	**by (-en, -er)**	
5	**familie (-n, -r)** [fa-mee'l-y*e*]	family
6	**skotte (-n, -r)**	
7	**dansker (-en, -e)**	
8	**ske (-en, -er)**	
9	**soldat (-en, -er)** [sul-da't]	soldier
10	**tag (-et, -e)** [ta:'h]	roof
11	**æg (-get, -)**	
12	**pas (-set, -)** [pas]	passport
13	**kys (-set, -)**	
14	**tæppe (-t, -r)**	
15	**hold (-et, -)**	
16	**forsøg (et, -)**	
17	**ideal (-et, -er)** [ee-dey-a:'l]	ideal
18	**dyr (-et, -)**	

4 Greetings

These are the most usual forms of greeting and leave-taking:

goddag [goh-da']	good day
godmorgen [goh-mawn]	good morning
godaften [goh-af-d*e*n]	good evening
godnat [goh-nat]	good night
velkommen [vel-kom-*e*n]	welcome
farvel [fah-vel]	goodbye
på gensyn [poh' gen-sew'n]	see you again

Casual forms:

hi [hy']	hi
dav [dow'] **davs** (dow's)	hello

Hvordan har du det? [vo-dan] 'How are you?' is not an automatic opening and if it is said, an answer, such as **Godt, tak** [got, tak] 'well, thank you', or **Faktisk ikke så godt** [fak-tisk ig-g*e* so got] 'not too well, actually' is expected! **Går det godt?** [gaw'] or **Har du det godt?** 'Are you well?' are often used instead.

Here's a very simple conversation in Danish. Use the vocabulary list to see how much of it you can understand, or even translate into English, before looking at the translation which follows it.

Vocabulary

fru [froo']	Mrs
brev (-et, -e) [bray'u]	letter
til Dem [ti' dem]	for you
tusind tak [too:'-s*e*n tak]	thank you very much
gæst (-en, -er) [gest]	guest
hos [hohs]	with, at the house of
tror [traw]	believe
ja [ya]	yes
hvad hedder du? [va hi'th-or doo]	what is your name?
jeg hedder	my name is, I am called
studerende (en, -) [sdoo-dey'-r*e*-n*e*]	student
mange [mang-*e*]	many
ikke sandt [ig-g*e* san't]	don't you, isn't it, etc. (not true)
du må gerne [doo moh' gayr-n*e*]	you are welcome to
sige [see:-y*e*]	say
åh [oh:']	oh
kun [koon]	only
to [toh']	two
kat (-ten, -te) [kad]	cat
pony (-en, -er) [pon-new] or [pon-nee]	pony
og [ow] or [o]	and

CONVERSATION

Malcolm	Godmorgen, fru Poulsen, jeg har et brev til Dem.
Fru Poulsen	Tusind tak. Du er gæst hos familien Frandsen, tror jeg?
Malcolm	Ja, jeg er englænder.
Fru Poulsen	Hvad hedder du?
Malcolm	Jeg hedder Malcolm.
Fru Poulsen	Er du studerende?
Malcolm	Ja. De har mange dyr, ikke sandt?
Fru Poulsen	Du må gerne sige 'du'. Åh, jeg har kun to katte, en hund, en pony – og to børn.

TRANSLATION

Malcolm	Good morning, Mrs Poulsen, I have a letter for you.
Mrs Poulsen	Thank you very much (a thousand thanks). You are a guest (at the house) of the Frandsen family, I believe?
Malcolm	Yes, I am an Englishman.
Mrs Poulsen	What's your name?
Malcolm	My name is Malcolm.
Mrs Poulsen	Are you a student?
Malcolm	Yes. You have many animals, don't you [not true]?
Mrs Poulsen	You are welcome to say 'du'. Oh, I have only two cats, a dog, a pony – and two children.

Lesson 2

5 Verbs – basic form and present tense – 'to hear/I hear'

Verbs are the words with which we describe any form of action or happening ('doing' words), and change according to when events take or took place. In many Western languages, they change not only with the past, present and future but also with person, singular or plural. Danish and English both have fewer variations than most, Danish having the particular advantage – remember? – that the person makes no difference at all: **jeg hører, han hører** [huh:-ror] 'I hear, he hears'.

The infinitive (to hear: **at høre** [at huh:-r*e*]) is the basic form of verbs, and the one found in dictionaries. In Danish, the vast majority end with an unstressed **e**, the others with a stressed vowel (**at stå** [sdoh'] – to stand).

At høre er at adlyde. [ath-lew-th*e*] To hear is to obey.

In both instances, the present tense is formed by the addition of an **r**: **hører, står** [sdaw'].

Børnene står i skoven og hører fuglene synge. [bur-n*e*-n*e* sdaw' ee skow-*e*n o huh:-ror foo:-l*e*-n*e* sew-ng*e*] The children stand in the wood and hear the birds sing.

The stressed syllable is usually short in the present tense, even where it is long in the infinitive.

Infinitive		*Present tense*
at tale [ta:-l*e*]	to speak	**taler** [ta'-lor]
at spise [spee:-s*e*]	to eat	**spiser** [spee'-sor]
at løbe [luh:-b*e*]	to run	**løber** [luh'-bor]

at bruge	to use	**bruger**
[broo:-*e*]		[broo'-or]
at blive	to remain/become	**bliver**
[blee:-v*e*]		[blee'-vor] or [blee'r]
at komme	to come	**kommer**
[kom-m*e*]		[kom'-mor]
at ligge	to lie	**ligger**
[lig-g*e*]		[lig-gor]
at lægge	to put, lay	**lægger**
[leg-g*e*]		[leg-gor]
at sidde	to sit	**sidder**
[si-th*e*]		[sith'-or]

When the infinitive ends with a stressed vowel, it always has a glottal stop on the final vowel. These verbs retain the glottal stop in the present tense.

Infinitive		*Present tense*
at forstå	to understand	**forstår**
[faw-stoh']		[faw-staw']
at se	to see	**ser**
[sey']		[sey'r]
at slå	to hit	**slår**
[sloh']		[slaw']
at le	to laugh	**ler**
[ley']		[ley'r]
at gå	to walk, go	**går**
[goh']		[gaw']
at befri	to free	**befri(e)r**
[bey-free']		[bey-free'r]
at sy	to sew	**sy(e)r**
[sew']		[sew'r]

The last two are examples of **er** sometimes being added, though the pronunciation all but ignores the **e**.

Blive expresses some kind of change, like the English 'turn', 'go' and 'grow':

Læreren bliver rasende. [lay'-ror-*e*n blee'r rah:-s*e*-n*e*] The teacher is getting furious.
Det bliver koldt nu. [kol't] It's turning/growing/getting cold now.

It also means 'remain' and 'stay':

Bliver du eller går du? [el-or] Are you staying or leaving?

And on the subject of **gå**: **gå** on its own means 'walk' or 'leave'. Linked with a preposition or an adverb, it may mean 'go', but only if it is possible to go on foot.

Du skal gå, ikke løbe. [sgal] or [sga] You must walk, not run.
Vi går nu. We're leaving/going now.
Han går over til vinduet. [ow-or til] He goes/walks over to the window.

A very few verbs form their present tenses differently, including two common verbs:

Infinitive		*Present tense*
at gøre	to do	**gør**
[gur-r*e*]		[gur]
at vide	to know	**ved**
[vee:-th*e*]		[vi'th]

Vide means 'to know' in the sense of knowing a fact. The verb for knowing a person or a place, 'to be acquainted with', is **kende** [ken-*e*].

Jeg ved, hvor han bor, men jeg kender ham ikke. [baw'; ken'-or] I know where he lives but I don't know him.

There are a limited number of verbs which commonly end in **s** in the infinitive and present tense. We shall be looking at this group again in Section 41:

at skændes [sken-*e*s] to quarrel
vi skændes we are quarrelling
at synes [sew:-n*e*s] to think (be of the opinion)
Jeg synes, det er grimt. [grim'd] I think it is ugly.
Synes du om filmen? [om feel'-m*e*n] Do you like the film?

Using the present tense

Forget all about the English '-ing' form ('I am drinking'), which is expressed in Danish in exactly the same way as the simple present: 'I drink': **Jeg drikker** [drig-or]. Similarly with the English 'do' and 'don't': 'I do drink but I don't smoke.' **Jeg drikker, men jeg ryger ikke** [rew:-yor].

Just as in English, the present tense is often used with a future meaning, mostly by adding an indication of time.

Ja, jeg kommer snart. [snah't] Yes, I'm coming soon.
Toget til København går om et øjeblik. [kuh-b*e*n-how'n; oy-*e*-blik] The train to Copenhagen is leaving in a moment.
Svigermor rejser i morgen – desværre. [svee'-or-maw ry-sor i mawn – des-vayr-*e*] Mother-in-law is leaving (travelling) tomorrow – unfortunately.

Vocabulary

meget [my-*e*t]	much, a lot
men [men]	but
lidt [lit]	(a) little
forår (-et, -) [faw-aw']	spring
snart [snah't]	soon
at gø [guh']	bark
at bide [bee:-th*e*]	bite
om	about
i	in
zoologisk [soh-oh-loh'-gisg]	zoological
at sælge [sel-y*e*]	sell
wienerbrød (-et, -) [vee-nor-bruh'th]	Danish pastry
hans [hans]	his
når [naw] or [naw']	when
høne (-n, -r) [huh:-n*e*]	hen
dér	there
at falde [fal-l*e*]	to fall

Exercise 3

Translate:

1 Han taler meget, men siger kun lidt.
2 Foråret kommer snart.

3 Jeg ser toget komme.
4 Hunden gøer og bider.
5 De fortæller om kamelerne i Zoologisk Have.
6 Bageren sælger wienerbrød.
7 Vi synger om en bonde og hans dyr.
8 Jeg ler meget, når jeg ser Victor Borge.
9 Hønen lægger to æg – dér ligger de.
10 Han falder og slår knæet.

6 Personal pronouns as objects – 'me', ' him', 'them'

He gives *me* the money.
I love *you*, you love *me*. We love *them* but they hate *us*.

The emphasised words in these examples are known as object pronouns. The Danish object pronouns are:

mig [my]	me
dig [dy]	you *fam sing*
Dem [dem]	you *pol sing*
ham [ham]	him
hende [hen-n*e*]	her
den/det [den'; dey]	it
os [os]	us
jer [yayr]	you *fam plur*
Dem	you *pol plur*
dem	them

So here is the Danish for the examples given, and a couple more:

Han giver mig pengene. [gee'r]
Jeg elsker dig, du elsker mig. Vi elsker dem, men de hader os. [els-gor; ha:-thor]
Vinen er til jer, øllet til dem. [vee'-n*e*n; uhl'-l*e*t] The wine is for you, the beer for them.
Henter du mig, eller jeg dig? [hen-tor] Are you collecting me, or I you?

Hinanden [heen-an-n*e*n] means 'each other':

De arbejder med hinanden. [ah-by-thor; me *or* meth] They are working with each other.
Mændene giver hinanden hånden på det. [hon'-*e*n] The men shake hands on it (give each other the hand on it).

Vocabulary

til [til]	to
mod [moh'th]	towards
ad [ath]	at
for [faw]	for

Exercise 4

Translate the English pronouns in italics into Danish:

1 Han taler meget til *me*, men siger kun lidt om *you (fam sing)*.
2 Foråret kommer snart til *us*.
3 Jeg ser toget komme mod *me*.
4 Hunden gøer ad *you (fam plur)* og bider *me*.
5 De fortæller *each other* om kamelerne.
6 Bageren sælger wienerbrød til *her*.
7 Vi synger for *each other*.

Vocabulary

at elske [els-g*e*]	to love
at kalde [kal-*e*]	to call
kujon (-en, -er) [koo-yoh'n]	coward
at give [gee:-v*e*] or [gee']	to give
vin (-en, -e) [vee'n]	wine
at spørge [sbuh-r*e*]	to ask
at svare [svah:-r*e*]	to answer
at bringe [bring-*e*]	to bring
held (-et, -) [hel']	luck
gave (-n, -r) [ga:-v*e*]	gift
ikke [ig-g*e*]	not

Exercise 5

Translate:

1 Hans and Grete, we love you.
2 Hans and Grete love each other.
3 I call you a coward.

4 They give the wine to her.
5 I ask them and they answer me.
6 They are bringing us luck.
7 They are giving each other presents.
8 I understand you, not her.

7 Sentence building – questions and answers

Danish word order is very often the same as English, but there are some important differences. In simple Danish sentences, the verb always comes second, whatever the sentence begins with. Look at the following sentences:

Jeg køber en bil i dag. [bee'l; ee-da:'] I'm buying a car today.
Idag køber jeg en bil. Today I'm buying a car.
Jens og Peter møder en ven i København. [yen's; pey'-dor; muh'-thor; ven'] Jens and Peter are meeting a friend in Copenhagen.
I København møder Jens og Peter en ven. In Copenhagen Jens and Peter are meeting a friend.

So when the sentence begins with a word or phrase which is not the subject, the subject will always come immediately after the verb, and not before it as it does in English. This is known as 'inversion', i.e. the subject and verb are inverted so that the verb precedes the subject.

Pigen ligger dér og sover. [sow'-or] The girl lies there sleeping (and sleeps). **Dér ligger pigen.**

Straightforward questions in Danish, i.e. those formed without an interrogative or 'question word', are formed by inversion (the verb comes first and is followed immediately by the subject):

Kommer du alene? [a-ley:-n*e*]? Are you coming alone?
Bor du her? Do you live here?
Køber du en bil i dag? Are you buying a car today?
Forstår du tysk? [tewsg] Do you understand German?
Kører du til Danmark eller flyver du? [kur-or; dan-mahg; flew'-vor] Are you driving to Denmark, or are you flying?
Møder de ham i København? Are they meeting him in Copenhagen?

The affirmative reply is **ja** [ya] 'yes'.

Ja, jeg forstår tysk. Yes, I understand German.

The negative answer is **nej** [ny'] 'no', and **ikke** 'not':

Nej, jeg forstår ikke tysk. No, I don't understand German.
Nej, jeg kører ikke til Danmark. No, I'm not driving to Denmark.

So **ikke** comes directly *after* subject and verb. The same thing happens with a few other words (see Section 26, Adverbs), such as **aldrig** [al-dree] 'never', **altid** [al'-tee'th] 'always', **nu** [noo] 'now', **tit** [//] 'often'.

Til Danmark kører jeg aldrig. Jeg flyver altid – til København. I never drive to Denmark. I always fly – to Copenhagen.
Bilen køber jeg ikke i dag, men jeg rydder op i garagen. [rew-thor op ee ga-rah-sj*e*n] I am not buying the car today but I am tidying up (in) the garage.
Knud drikker altid te. [cnoo'th] Knud always drinks tea.
Peter kender aldrig svaret. [svah'-r*e*t] Peter never knows the answer.

If the object of the verb is a pronoun rather than a noun, words like **ikke** are placed directly after the pronoun object, rather than following the verb:

Jeg drikker den ikke i dag. I'm not drinking it today.
Jens og Peter møder ham altid i København. Jens and Peter always meet him in Copenhagen.
Køber du den ikke i dag? Aren't you buying it today?

If the question is negative: **Forstår du ikke? Kører du ikke? Køber du ikke en bil idag?** but the reply is affirmative, the word to use is not **ja** but **jo** [yoh']:

Jo, jeg forstår. Yes, I (do) understand.

Ikke is frequently added at the end of a sentence, requesting confirmation, like the English 'isn't it?' and so on:

Det er koldt idag, ikke? It's cold today, isn't it?

Vel [//] is often added in the same way at the end of a negative sentence:

Franskmændene spiller aldrig godt mod os, vel? [fransg-men-*e*-n*e*; sbil-lor] The French never play well against us, do they?

Vocabulary

morgenmad (-en) [maw-*e*n-math]	breakfast
at flyve [flew-v*e*]	to fly
mellem [mel-l*e*m]	between
København	Copenhagen
politibetjent (-en, -e) [poh-lee-tee-bey-tyeyn't]	policeman
skole (-n, -r) [sgoh-l*e*]	school
ferie (-n, -r) [fayr'-ree-*e*]	holiday

Exercise 6

Answer all these questions in the affirmative and negative, using all the words again:

1 Spiser du altid morgenmad?
2 Flyver SAS mellem København og Alaska?
3 Taler politibetjenten engelsk?
4 Har skolen ikke ferie nu?
5 Hedder du ikke Søren?

8 Question words – 'who', 'what'

Here are some questions using the most common Danish question words.

Hvem taler dansk? [vem'; dan'sg] Who speaks Danish?
Hvem møder du i København? Who(m) are you meeting in Copenhagen?
Hvem giver du boret til? [baw'-r*e*t] Who are you giving the drill to?
Hvor er benzinstationen? [vaw'; ben-see'n-sta-sjoh'n-*e*n] Where is the petrol station?
Hvornår sender Margrethe brevet? [vaw-naw' sen-nor mah-grey'-t*e*] When is Margrethe sending the letter?

Hvordan køber du en ny bil i dag? [vo-dan] How are you buying a new car today?
Hvor stor er byen? [vaw sdaw'] How big is the town?
Hvad spiser du? [va] What are you eating?
Hvad siger du? [see-or] or [seer] What do you say?
Hvis bil kører du idag? [vis] Whose car are you driving today?
Hvis er campingvognen? [//-vow'n-*e*n] Whose is the caravan?
Hvorfor læser du bogen? [vaw-faw ley's-or] Why are you reading the book?

Storm P.

– Hvad kommer først, årsag eller virkning?
– Det gør årsagen.
– Ja, men hvad så med en mand, der skubber en trillebør?
[fursd; aw-sa:'h; veerk-ning, sgub-bor; tril-l*e*-bur']
– What comes first, cause or effect?
– The cause does.
– Yes, but then what about (what then with) a man who pushes a wheelbarrow?

Hvad hjælper det, at man har paraply, når man har hul i skoene?
[yel'-bor; pa-ra-plew'; hu'l; sgoh'-*e*-ne]
What good is it (helps it) that one has an umbrella when one has a hole in one's (the) shoes?

Vocabulary

at holde ferie [hol-*e*]	to spend a holiday
i år [aw']	this year
eller	or
at tage med	go/come along
[ta:-y*e* *or* ta *or* ta:'; meth *or* me]	
din [dee'n]	your
mand (-en, mænd)	husband
måske [mo-sgey']	perhaps
færdig [fayr-dee]	finished
at sejle [syl-*e*]	to sail
Nordspanien	Northern Spain
[naw-sba'-nee-*e*n]	
selvfølgelig [sel-fuhl'-y*e*-lee]	of course

naturligvis [na-toor'-lee-vee:'s]	of course
at tage	to take
Italien [i-ta:'-lee-*e*n]	Italy
at slappe af [slab-b*e* a:']	to relax
Firenze [fee-ren-s*e*]	Florence
at	that
at bo [boh:']	to live (reside)
at skrive [sgree:-v*e*]	to write
adresse (-n, -r) [a-dres-s*e*]	address
så [so]	so that
kan [kan] or [ka]	can
at besøge [bey-suh'-y*e*]	visit
hav [ha] or [ha:']	have
god [goh'] or [goh'th]	good

CONVERSATION

Peter Bertelsen Hvor holder I ferie i år? Eller tager din mand ikke med – måske er han ikke færdig med bogen?

Maria Gording Vi sejler til Nordspanien i år. Og jo, Jan tager selvfølgelig med – *naturligvis* tager han med. Men hvad gør du og Merete?

Peter Vi tager toget til Italien og slapper af i Firenze. Du og Jan, I kender byen, gør I ikke?

Maria Ih, jo. Ved du, at Walter Nissens familie bor der? Jeg skriver adressen, så I kan besøge dem. Og hav en god ferie!

TRANSLATION

Peter Bertelsen Where are you spending your holiday this year? Or isn't your husband going along (with you) – perhaps he has not finished the book?

Maria Gording We are sailing to Northern Spain this year. And yes, Jan is of course coming (along) – *of course* he is (coming along). But what are you and Merete doing?

Peter We are taking the train to Italy and relaxing in Florence. You and Jan, you know the town, don't you?

Maria Oh, yes. Do you know that Walter Nissen's family lives there? I'll write the address so that you can visit them. And have a good holiday!

Lesson 3

9 Adjectives – 'good', 'large'

Adjectives are words used to describe characteristics – looks, size, etc. In English, they change only in comparisons (good – better – best). In Danish, they also change with the gender of the noun as well as with its definite ('the') or indefinite ('a') and plural forms. Don't let this daunt you, though: the changes follow relatively simple patterns.

The *basic* form of a Danish adjective (as you will find it in the dictionary) is used unchanged in connection with nouns of common gender, singular, in their *indefinite* form ('a').

en sød kage [suh'th ka:-y*e*] a sweet cake
en god kvinde a good woman
en stor waliser a large Welshman
en morsom anekdote [maw-som a-neg-doh-t*e*] an amusing anecdote
en blå bil [bloh'] a blue car

When adjectives are used to describe a singular neuter noun they usually require the addition of a **t**:

et sødt smil [suht smee:'l] a sweet smile
et godt hjerte [got yayr-d*e*] a good heart
et stort måltid [mol-tee'th] a large meal
et morsomt eventyr [e:-v*e*n-tew'r] an amusing fairy tale/adventure
et blåt gardin [blot gah-dee'n] a blue curtain

In the indefinite plural most adjectives end with an **e**:

søde sager [suh:-th*e* sa:-yor] sweet things
gode gerninger [goh-th*e* gayr-ning-or] good deeds
store begivenheder [bey-gee'-v*e*n-hi'-thor] great events

When an adjective is placed before a noun in the *definite* ('the') form, the definite ending is not added to the noun. Instead the adjective is preceded by another word, meaning 'the', which is the same as the words for 'it' and 'they': **den** for common gender singular, **det** for neuter singular, and **de** for plural. The ending on the adjective, though, is the same for all three: **e**.

den søde smerte [smayr-t*e*] the sweet pain
det store måltid the large meal
de dejlige oplevelser [dy-lee-*e* op-ley'-v*e*l-sor] the lovely experiences

If you want to say 'the red one, the big ones' in Danish, you do this simply by using the appropriate form of **den, det, de** followed by the adjective ending in **e: den røde** [ruh:-th*e*], **de store.**

When the adjective is not directly in front of the noun and is used with verbs such as **at være** 'to be', **at blive** 'to become', the indefinite forms are used:

Bogen er dårlig. [daw-lee] The book is bad.
Vejret bliver dårligt. [ve'-r*e*t; daw-leet] The weather is getting bad.
Cigarerne er dårlig. [si-gah'-r*e*-n*e*; daw-lee-*e*] The cigars are bad.

Exceptions

Some adjectives do not add **t** in the neuter. These include those ending in **sk,** those already ending in **t,** those ending in a vowel other than **å** (except the adjectives **ny** [new'] 'new' and **fri** [free'] 'free'), those that end with **s**, and the adjectives **glad** [glath] 'happy' and **fremmed** [frem-m*e*th] 'foreign, strange'.

et engelsk program [eng'-*e*lsg proh-gram'] an English programme
et malet ansigt [ma:-l*e*t an-sigt] a painted face
et fremragende forslag [frem-row-*e*-n*e* faw-sla:'h] an outstanding suggestion
et snu trick [snoo' //] a cunning trick
et stakkels dyr [sdag-*e*ls] a poor (pitiable) animal
et glad menneske a happy person
et fremmed skib [skee'b] a foreign ship

Some adjectives don't add **e**. These include those ending with **s,** and those ending with a vowel (except the adjectives **ny** and **fri**):

det fremragende forslag
de gammeldags værdier [gam-*e*l-da:'s vayr-dee'-or] the oldfashioned values

det blå værelse [vayr-*e*l-s*e*] the blue room
but
det frie liv under den nye demokratiske regering [free-*e* lee'u un'-or den new-*e* dey-moh-krah'-tee-sg*e* rey-gey'-ring] the free life under the new democratic government

An **et** ending of an adjective with two or more syllables is turned into **ede**:

snavset: de snavsede fingre [snow-s*e*th; snow-s*e*-th*e* fing-r*e*] the dirty fingers
udmattet: den udmattede kok [ooth-mat-t*e*th; ooth-mat-t*e*-th*e* kok] the exhausted cook

Like nouns, adjectives that end with a single consonant preceded by a stressed vowel often double the consonant when taking the **e** ending, as do adjectives ending in **som**:

dum: det dumme grin [dum'; dum-*e* gree'n] the stupid grin
smuk: øjnene er smukke [smuk; oy-n*e*-n*e*; smug-g*e*] the eyes are beautiful
let: lette frokoster [led; led-d*e* froh-kost-or] light lunches
de morsomme skuespillere [sgoo:-*e*-spil-lor-*e*] the amusing actors

Those that end in **el, er,** or **en** drop the **e** of their ending when the **e** is added, and if the **el, er** or **en** is preceded by a double consonant, that consonant is simplified.

mager: den magre abe [ma:-yor; ma:-r*e* a:-b*e*] the thin monkey
lækker: den lækre suppe [leg-gor; leg-r*e* sub-b*e*] the delicious soup
gammel: de gamle minder [gam-m*e*l; gam-l*e* min-nor] the old memories

Teaser: **lille** [leel-l*e*] and **små** [smoh'] both mean 'small', in singular and plural respectively. **Lidt,** which you have already met, is not an adjective but an adverb, and means 'a little/rather/somewhat . . .'.

Den lille skomager er lidt træt. [sgoh-ma:-yor; tret] The little shoemaker is a little tired.

Exercise 7

Produce the definite/plural form of the following adjectives, as in the example. Once again an asterisk indicates where consonants need to be doubled.

Example: **let*** light, easy: **lette**

1 **kort** [kaw't] short
2 **dejlig** delightful
3 **rar** [rah:] kind
4 **høj** [hoy'] high
5 **tung** [tung'] heavy
6 **farvet** [fah-veth] coloured
7 **grå** [groh'] grey
8 **falsk** [fal'sg] false
9 **tysk** German
10 **tapper** [tab-bor] brave
11 **blød** [bluh'th] soft
12 **gammel** old
13 **slap*** [slab] limp
14 **violet*** [vee-oh-let] purple
15 **privat** [pree-va:'t] private
16 **svanger** [svang-or] pregnant
17 **hullet** [hul-leth] holey

Vocabulary

eventyr (-et, -) fairy tale, adventure
gardin (-et, -er) curtain
mønster (-et, -stre) [muhn'-stor] pattern
redningshelikopter (-en, -e) [reth-nings-hel-lee:-kob-tor] rescue helicopter

Exercise 8

Give the form some of the adjectives from the previous exercise would have in Danish when used in the following contexts:

He told a (1) *short* but (2) *delightful* fairytale.
It was a (3) *heavy*, (4) *coloured* curtain with a (5) *grey* pattern.
A (6) *German* rescue helicopter made a (7) *brave* attempt.
We have a (8) *soft* (9) *purple* carpet.

Vocabulary

grøn [gruhn']	green
hurtig [hoor-dee]	fast
løber (-en, -e) [luh:-bor]	runner
seng (-en, -e) [seng']	bed
fin [fee'n]	fine
flydende [flew-th*e*-n*e*]	fluent
restaurant (-en, -er) [resd-o-rang]	restaurant
vidunderlig [veeth-un-nor-lee]	wonderful
værelse (-t, -r)	room
ung [ung']	young
klog [kloh:'h]	clever, wise
fodboldhold (-et, -) [fohth-bolt-hol']	soccer team

Exercise 9

Translate:

1 Skolen er stor, men god.
2 Huset har et grønt tag.
3 Søren Andersen er en hurtig løber.
4 Sengen er blød, med et fint tæppe.
5 MacPherson er skotte, men taler flydende dansk.
6 Der er en dejlig lille restaurant her.
7 Lars har et vidunderligt værelse.
8 De har høje idealer.
9 Det er et ungt, klogt dyr.
10 Vi har to fodboldhold, og dér er det nye klubhus.

10 The command form

The base, or stem, of any Danish verb, its very shortest form, is used for the command or imperative – **hør!** 'listen!' In verbs whose infinitives end with an unstressed **e**, the imperative is formed by removing that final **e**.

Here are some verbs you have met already and others you have not:

Infinitive		*Imperative*
at løbe	to run	**løb!** [luh'b]
at adlyde	to obey	**adlyd!** [ath-lew'th]
at bruge	to use	**brug!** [broo'h]
at skrive	to write	**skriv!**
[skree:-v*e*]		[skree'v]
at springe	to jump	**spring!**
[sbring-*e*]		[sbring']
at arbejde	to work	**arbejd!**
[ah-by'-th*e*]		[ah-by'th]
at smøre	lubricate, spread	**smør!**
[smuh:-r*e*]	(butter etc.)	[smuh'r]

The imperative almost invariably calls for a glottal stop.

If the **e**-ending of the infinitive follows a double consonant, one of these consonants disappears along with the **e** in the imperative form.

Infinitive		*Imperative*
at komme	to come	**kom!** [kom']
at ligge	to lie	**lig!** [li'g]
at lægge	to put, lay	**læg!** [le'g]
at berette	to report	**beret!**
[bey-ret-*e*]		[bey-re't]
at hoppe	to hop	**hop!**
[hob-b*e*]		[hop']
at snitte	to carve	**snit!**
[snee'd-d*e*]		[snee't]
at skylle	to rinse	**skyl!**
[sguhl-l*e*]		[sguh'l]

If the infinitive ends with a stressed vowel, the imperative is exactly the same: **stå!** A few examples:

Infinitive		*Imperative*
at stå	to stand	**stå!**
at forstå	to understand	**forstå!**
at sy	to sew	**sy!**
at efterse [ef-tor-sey']	to check	**efterse!**

at befri	to set free	**befri!**
at undgå [un-goh']	to avoid	**undgå!**

Simple 'command sentences' begin with the verb, followed by the other elements of the sentence in the same order as in other simple sentences:

Spis nu ikke for meget! Don't eat too much now!
Køb en ny bil i dag! Buy a new car today!
Drik ikke mere vin! Don't drink any more wine!
Send ham det ikke! Don't send him it!

In practice, however, any 'negative command' tends to use the verbs **skulle** or **måtte,** which you will be meeting in the next lesson, or the colloquial **Lad være med** [la' vayr' meth] or **Hold op med** [hol']:

Lad nu være med at spise for meget. Don't eat too much now.
Hold op med at drikke vin nu. Stop drinking wine now.

Lade means 'to let, to allow':

Lad mig prøve. [pruh'-v*e*] Let me try.
Lad os gå i biografen. [bee-oh-grah'-f*e*n] Let's go to the cinema.

'Please', basically, is **Vær (så) venlig at ...** [ven-lee] ('be so kind as to') but is more often implied with idiomatic terms:

Ræk mig lige saltet. [rek; lee' sal'-t*e*th] Please pass me the salt.
Tag lige og hjælp her. [ta'] Could you help here, please?

Exercise 10

Produce the imperative of these verbs:

1	**at save** [sa:-v*e*]	to saw
2	**at kopiére** [koh-pee-ey'-r*e*]	to copy
3	**at tro** [troh']	to believe
4	**at undersøge** [un-nor-suh:'-y*e*]	to investigate
5	**at stoppe** [sdob-b*e*]	to stuff, mend
6	**at forny** [faw-new']	to renew

7	**at hente** [hen-*de*]	to fetch
8	**at glo** [gloh']	to stare
9	**at flytte** [fluhd-*de*]	to move
10	**at fløjte** [floy-*de*]	to whistle

11 The possessive – 'the child's'

Just as in English, the possessive (or genitive) form adds an **s** to the noun, or **'(s)** if the word already ends in an **s**:

barnets værelse [bah'-n*e*ts] the child's room
kattens skarpe kløer [skah-p*e* kluh:-or] the cat's sharp claws, the sharp claws of the cat
Jens' cykel [yen's-*e*s] Jens' bicycle
børnenes farverige billeder [fah-v*e*-ree:-y*e* bil-*e*-thor] the children's colourful pictures
øjnenes charme [sjah-m*e*] the charm of the eyes
danskernes inspirerende sprog [in-spee-rey'r*e*-n*e* sbroh:'h] the inspiring language of the Danes

The possessive with **s** is much more common than in English and is often used where the English phrase is likely to be 'of the'. This does not mean that **af** [a] 'of' is never used.

Sangerens klare stemme er som en englelyd/lyden af en engel. [sang-*e*-r*e*ns klah:-r*e* sdem-m*e*; som; eng-l*e*-lew'th] The clear voice of the singer is like the sound of an angel.

Sometimes compounds are used where the English would use a possessive form, as in:

børneværelset the children's room
kattekløer cats' claws
urmagerbutikken [oor-ma:-yor-] the watchmaker's shop

Vocabulary

træner (-en, -e) [tray'-nor]	trainer
glæde (-n, -r) [glay-th*e*]	pleasure
kød (-et, -) [kuh'th]	flesh
farve (-n, -r) [fah-v*e*]	colour

side (-n, -r) [see-the]	page
gul [goo'l]	yellow
gård (-en, -e) [gaw']	farm
ejer (-en, -e) [y-or]	owner
forældre [fawr-el'-dre]	parents
hjem (-met, -) [yem']	home
resultat (-et, -er) [res-ool-ta:'t]	result
stærk [stayrk]	strong
angreb (et, -) [an-grey'b]	attack
høj	loud
gøen (-en) [guh'-en]	barking
rasende [rah:-se-ne]	furious
magt (-en, -er) [magd]	power

Exercise 11

Translate:

1 the butcher's shop
2 the trainer of the foreign team
3 the pleasures of the flesh
4 The colour of the eyes is blue.
5 The pages of the book are yellow now.
6 Hans's father is the owner of a farm.
7 There is the parents' home.
8 the result of the strong attack
9 the loud barking of a furious dog
10 The power of money is great.

12 Days and months

The days of the week, in English, are to some extent an inheritance of the country's Viking past – Thursday, for instance, being called after the war god of Nordic mythology, Thor. Not surprisingly, their Danish counterparts are not much different:

søndag [suhn'-da]	Sunday
mandag [man'-da]	Monday
tirsdag [teer's-da]	Tuesday
onsdag [un's-da]	Wednesday

torsdag [taw's-da]	Thursday
fredag [frey'-da]	Friday
lørdag [lur-da]	Saturday

Equally alike are the months of the year and, incidentally, neither weekdays and months nor seasons and holidays are spelt with a capital letter.

januar [ya-noo-ah']	**juli** [yoo'-lee]
februar [fey-broo-ah']	**august** [ow-goosd]
marts [mahds]	**september** [seb-tem'-bor]
april [a-pree'l]	**oktober** [og-toh'-bor]
maj [my']	**november** [noh-vem'-bor]
juni [yoo'-nee]	**december** [dey-sem'-bor]

And the seasons (you know three of them already):

forår	spring
sommer	summer
efterår (-et, -) [ef-dor-aw']	autumn
vinter	winter

Early and late summer: **forsommer** [faw-som-mor] and **sensommer** [seyn-som-mor]

In spite of religion's modest role, many more holy days are public or semi-official holidays in Denmark than in English-speaking countries – with the addition of a few others:

nytårsdag [newd-aws-da:']	New Year's Day
skærtorsdag [skayr-taws-da]	Maundy Thursday
langfredag [lang-frey'-da]	Good Friday
første og anden påskedag [furs-d*e*; an-*e*n poh-sk*e*-da:']	Easter Sunday and Monday
store bededag [bey:-th*e*-da:']	(Great prayer day) 4th Friday after Easter
Kristi himmelfartsdag [kris-dee him-m*e*l-fahds-da:']	Ascension Day
majdag [my-da:']	May Day – industrial and bank holiday
(første og anden) pinsedag [pin-s*e*-da:']	Whit Sunday and Monday
grundlovsdag [grun-lows-da:']	Constitution Day (5 June)

juleaften [yoo-l*e*-af-d*e*n]	Christmas Eve
første og anden juledag	Christmas Day and Boxing Day
nytårsaften [newd-aws-af-d*e*n]	New Year's Eve

And the main red-letter days or events:

fødselsdag (-en, -e) [fuh-s*e*ls-da:']	birthday
bryllupsdag (-en, -e) [bruhl-ups-da:']	wedding day/anniversary
årsdag (-en, -e) [aws-da:']	anniversary
sølv/guldbryllup [suhl'/goo'l-bruhl-lup]	silver/golden wedding

Vocabulary

kone (-n, -r) [koh:-n*e*]	wife
hukommelse (-n) [hoo-kom-m*e*l-s*e*]	memory
lige så … som [lee-so som]	just as . . . as
min [mee'n]	mine
syttende [suhd-*e*n-*e*]	seventeenth
dag (-en, -e) [da:']	day
fest (-en, -er) [//]	celebration
at vente [ven-t*e*]	to wait
indtil [in-til]	until
fireogtyvende [feer-o-tew:-v*e*-n*e*]	twenty-fourth
at fejre [fy-r*e*]	to celebrate
altsammen [alt-sam-m*e*n]	all (of it)
heldig [hel-dee]	lucky
at finde [fin-n*e*]	to find
i morgen [i-mawn]	tomorrow
at holde bryllup med	to marry
mærkelig [mayr-k*e*-lee]	remarkable, strange
vores [vaw-r*e*s]	our
kunne [koo-n*e*] or [koo]	could
at spare [sbah:-r*e*]	to save
jamen [ya-men]	well
så [so]	then

fik [fik]	received, got
selv [sel']	self (here: myself)
én [ey'n]	one
skat (-ten, -te) [sgat]	darling (treasure)

CONVERSATION

Manden Hvornår er det Kirstens fødselsdag? Hun er 17 nu, ikke?

Konen Din hukommelse er lige så dårlig som min. Men jeg ved, at det er den syttende marts, og det er en fredag, så det er en god dag for en lille fest.

Manden Hvorfor venter vi ikke indtil den fireogtyvende april, når vi har sølvbryllup, så kan vi fejre altsammen den dag.

Konen Hvis du er heldig, finder Kirsten en dejlig ung mand i morgen og holder bryllup med ham den dag. Det er mærkeligt, at det ikke er vores bryllupsdag juleaften, så du kunne spare en gave.

Manden Jamen, så fik jeg selv kun én gave, skat!

TRANSLATION

The husband When is it Kirsten's birthday? She is 17 now, is she not?

The wife Your memory is just as bad as mine. But I know that it is on the seventeenth of March and that is a Friday, so it is a good day for a little celebration.

The husband Why don't we wait until the twenty-fourth of April when we have our silver wedding, then we can celebrate everything on that day.

The wife If you are lucky, Kirsten will find (finds) a lovely young man tomorrow and marry him on that day. It is strange that it is not our wedding anniversary on Christmas Eve so that you could save a present.

The husband Well, then I would get (got) only one present myself, darling.

Lesson 4

13 Auxiliary verbs – 'can', 'shall', 'will'

'Shall', 'can' and 'will' belong to the key group of verbs which are indispensable for use in conjunction with other verbs: 'can', 'may', 'will', 'shall', 'must', 'ought', and 'dare'.

In Danish, just as in English, these verbs have no command form, but unlike their English counterparts (except 'dare') they have an infinitive. Here are their infinitives and present tense:

Infinitive	*Present*	
at kunne [koon-n*e*]	**kan** [ka]	can, is able to
at skulle [sgool-l*e*]	**skal** [sgal] or [sga]	shall, is to, must
at ville [vil-l*e*]	**vil** [vil] or [vi]	will, wants to
at måtte [mot-t*e*]	**må** [moh']	may, must
at burde [boo:r-d*e*]	**bør** [bur]	ought to
at turde [too:r-d*e*]	**tør** [tur]	dare(s)

As in English, these verbs (particularly the first four) have a wide range of uses.

Kunne means 'can', 'be able to', and is sometimes used without another verb, with a meaning similar to 'to know (how to)':

Det er godt at kunne svømme. [svuhm-m*e*] It's good to be able to swim.
Kan du engelsk? Can you speak English?

Skulle is often used in suggestions and commands:

Skal vi prøve? Let's (Shall we) try.
Du skal gå, ikke løbe. You must walk, not run.
Den syge dame skal ligge ned. [sew-y*e*; ne'd] The sick lady must/is to lie down.
Loven siger, at vi skal tænde nu. [low'-*e*n; ten-n*e*] The law says that we must switch our lights on now.

Vil is sometimes used for 'going to' with a future sense:

Du vil blive meget glad for gaven. You are going to be very pleased with (become very happy for) the present.

It is also very often used with **gerne** [gayr-n*e*] and **godt,** which you will meet in the next section.

Må can be either 'must' or 'may':

Mor siger, vi må ride, men vi må love at være forsigtige. [ree-th*e*; loh:-v*e*; faw-sig-dee] Mummy says we may ride but we must promise to be careful.

As 'may' it is also often used with **gerne** and **godt** (see the next section).

Frequently, the verb following **vil** and **skal** is implied only:

Han vil/skal (gå) ud af skolen. [oo'th] He wants to/has to leave (go out of) the school.

As you see, these verbs occupy the usual position of the verb in the sentence, followed by the infinitive of the other verb, but if the sentence contains a word such as **ikke**, then that is placed before the infinitive:

Jeg kan ikke købe en ny bil idag.
Idag kan jeg ikke købe den.
Vil du ikke gerne møde stjernen? [sdyayr-n*e*n] Wouldn't you like to meet the star?

It is possible to begin a sentence with the infinitive:

Tænke kan han. [ten-k*e*] He can think.
Spise kan han ikke. [sbee-s*e*] He cannot eat.

14 Idioms with 'would like' and 'may'

Danes use a number of 'filler words', not least in order to qualify auxiliary verbs, and these can seldom be translated by just one English word. None is more common than **gerne** [gayr-n*e*] 'willingly'.

With **vil/ville**, it usually means 'would like to':

Jeg vil gerne lære en jysk dialekt. [yewsg dee-a-legt] I would like to learn a Jutlandic dialect.

With **må/måtte** it can mean 'may' or 'be welcome to':

Ja, Morten, du må gerne tale nu. [maw-d*e*n] Yes, Morten, you may/are welcome to speak now.

Related to **gerne** are the words **hellere** and **helst** or **allerhelst** [hel-l*e*-r*e*; al-lor-hel'sd]. **Jeg vil hellere** means 'I would rather', and **jeg vil helst** 'I would prefer' or 'like best of all':

Jeg vil gerne have te, men endnu hellere kaffe og allerhelst et glas champagne. [en-noo; sjam-pan-y*e*] I will willingly have tea, but I'd rather have coffee and best of all I'd like a glass of champagne.
Du må gerne komme, og meget gerne bo her, og helst i lang tid. [tee'th] You're welcome to come, and very welcome to stay (live) here, preferably for a long time.
Jeg vil hellere end gerne gøre det. [en] I'll be more than pleased to do it.

Another word like **gerne** is **godt** 'good/well', which has overtones of agreement or of 'in fact', and is often used as 'please':

Du må godt gøre det. Yes, you may do it.
Vi vil godt gøre det. We agree to do it.
Jeg vil godt have én til. I would in fact like one more.
Mor, må jeg godt gå ud og lege? [ly-*e*] Mummy, may I go out and play?
Må jeg godt holde din hest? [hesd] May I hold your horse, please?
Vil I ikke godt holde op? Won't you please stop?

Vocabulary

biograf (-en, -er)	cinema
at tie stille [tee' sdil-l*e*]	to be quiet, stop talking
hjem	home
alt for [alt faw]	far too
virkelig [veer-k*e*-lee]	really
allerede [al-*e*-rey:-th*e*]	already

nød (-den, -der) [nuhth]	nut
chokolade (-n, -r) [sjoh-koh-la:-the]	chocolate
at få [foh']	to get, receive
at dø [duh']	to die
end	than
at opgive [op-gee-ve] or [op-gee']	to give up
at spille [sbil-le]	to play
bordtennis [baw-ten-nis]	table tennis

Exercise 12

Translate:

1 Skal vi ikke gå i biografen, eller vil du hellere i teateret?
2 Du bør tie stille, men du vil aldrig høre, hvad jeg siger.
3 Du kan, hvis du vil, eller hvis du tør.
4 Hvor skal I sejle til i ferien?
5 Jeg vil hjem nu, skal vi sige godnat?
6 Familien Sørensen bør sælge det alt for store hus.
7 Skal I virkelig gå allerede?
8 Jeg vil gerne have nødderne, du må godt få chokoladen.
9 De vil hellere dø end opgive.
10 Jeg vil hellere spille bordtennis.

15 'Some,' 'any', 'none', 'others', 'all'

'Some', 'any'

Two key Danish words, **nogen** [noh:n] and **noget** [noh:eth], cover a range of English words referring to unspecified things, people and quantities. **Nogen** means 'somebody' and 'anybody' and **noget** means 'something' and 'anything':

Kommer nogen med til koncerten? [kon-sayr-den] Is anyone coming along to the concert?
Nogen har taget min ordbog. [ta:-eth; aw-boh:'h] Someone has taken my dictionary.
Er der noget, De ønsker? [uhn-sgor] Is there anything you want?
Der er noget galt! [ga:'lt] There is something wrong.

Used with singular nouns, **nogen** (*c*) and **noget** (*n*) also mean 'some', 'a little' or 'any':

Gør det (overhovedet) nogen gavn)? [ow-or-hoh-th*e*t; gow'n] Is it of any use (at all)?
Ja, det gør nogen gavn, men kun nogen! Yes, it is of some use, but only some!
Det er noget møg! [moy'] That is (some) rubbish!

You will also find **noget** used with adjectives, meaning 'somewhat':

Den grammofonplade er noget slidt. [gram-moh-foh:'n-pla:-th*e*; sleet] That gramophone record is somewhat worn.

'Any' in the plural is **nogen** again, while 'some' meaning 'a certain number', 'a few' is **nogle** (pronounced like **nogen**!):

Har du nogen kirsebær? [keer-s*e*-bayr] Have you any cherries?
Nogle sangere glemmer altid ordene. [sang-or-*e*; glem-mor; aw'-r*e*-n*e*] Some singers always forget the words.
Her er nogle penge til mælk. [mel'g] Here is some money for milk.
Ikke mange, tak, blot nogle få. [blot; foh'] Not many, thank you, just a few.

'None', 'nothing'

An extremely important use of **nogen/noget** is in conjunction with **ikke**. **Ikke nogen** means 'nobody', 'none' and so on, while **ikke noget** means 'nothing'.

Ingen [ing-*e*n] and **intet** [in-t*e*th] cover the same ground as **ikke nogen** and **ikke noget** respectively, following the same pattern, and **ingenting** [ing-en-ting'] is another word for 'nothing'.

Jeg gør ikke noget/intet/ingenting. I'm not doing anything.
Det gør ikke noget/intet/ingenting. It doesn't matter.
Der er ikke nogen/ingen herinde. [hayr-in-n*e*] There's no one in here.
Der er ikke noget/intet/ingenting i vejen. [vy'-*e*n] There is nothing wrong.
Ingen af dem taler klart. None/Neither of them speaks clearly.

Watch out, though: **De giver ikke hinanden noget** cannot be replaced by **De giver hinanden intet/ingenting.** 'They don't give each other anything/They give each other nothing.'

Ikke nogen/noget and **ingen/intet** also correspond to 'no', 'not a' and suchlike:

Generalen er ikke nogen/ingen god leder. [gey-ney-rah'-l*e*n; ley:-thor] The general is not a good leader.
ikke noget/intet godt menneske not a good person
Vi har ikke nogen/ingen sorger. [saw-yor] We have no sorrows.

Ingen in the sense of 'no one' is the only one that can be made possessive:

Intelligens er ingens fødselsret. [int-el-li-gen's; fuh-s*e*ls-ret] Intelligence is no one's birthright.

'Another', 'someone else'

'Other' in Danish is **anden** [an-*e*n] (*c*), **andet** [an-*e*th] (*n*) in the singular, and **andre** [and-r*e*] in the plural.

Har du fundet en anden? [fun-n*e*t] Have you found someone else?
Kør den anden vej. Drive the other way.
Der er ingen anden løsning (or **ikke nogen anden løsning).** [luh:s-ning] There is no other solution.
Det er et helt andet spørgsmål. [sbuhrs-moh'l] That's quite a different/another question.
Mange andre har intet/ingenting i sammenligning med os. [sam-m*e*n-lee-ning] Many others have nothing in comparison with us.
Andre folks børn er altid artige. [ah-tee-y*e*] Other people's children are always well-behaved.
en eller anden somebody (or other)
et eller andet something (or other)
en eller anden undskyldning [un-sgewl'-ning] some excuse or other other
et eller andet sted somewhere or other

'All', 'every'

To be all-embracing you use **al** (*c*), **alt** (*n*) and **alle/allesammen:**

Al den støj! [sdoy'] All that noise!
Kan du spise alt det? Can you eat all that?
Alle kyllingerne er væk. [kewl-ling-or-n*e*; vek] All the chickens are gone.
De har allesammen influenza. [in-floo-en-sa] All of them have 'flu.

Danish has two alternatives for 'every', 'each' – **hver(t)** and **enhver/ethvert** [vayr'(t)]:

Det er enhver embedsmands pligt. [em-beyths-man's pligt] It is every civil servant's duty.
Ethvert barn har brug for kærlighed. [kayr-lee-hi'th] Any/Every child needs love.
Sømanden har en pige i hver havn. [suh-man'-n*e*n; how'n] The sailor has a girl in every port.

Vocabulary

forskel (-len, -le) [faw-skel']	difference
om	(here:) in
elev (-en, -er) [el-lay'u]	pupil
at sige stop	to call a halt
tilbage [ti-ba:-y*e*]	(here:) left
optaget [op-ta:-y*e*th]	occupied
nogle få	a few
ledig [leyth-ee]	free, unoccupied
at tænke	to think
at vente	to expect
øjeblik (-ket, -ke)	moment
på	on
jord (-en)	earth
metode (-n, -r) [me-toth-*e*]	method
fordel (-en, -e) [faw-deyl']	advantage

Exercise 13

Translate:

1 Der er kun nogen forskel mellem dem.
2 Om nogle dage er alle eleverne her.
3 De kan alle(sammen) se alle dyrene.
4 Ikke enhver forstår at sige stop, men nogle gør.
5 Har du ingen penge tilbage?
6 Ikke alle bordene er optaget, nogle få er ledige.
7 Ingen af dem ved, hvad de andre på holdet tænker.
8 Vi venter dem hvert øjeblik.

9 Intet andet på jorden er så smukt.
10 Med den anden metode har du alle fordelene.

16 Demonstratives: 'that', 'these', 'which', 'such'

'This', 'that'

You learned at the outset that 'it' is either **den** (common) or **det** (neuter), with **de** for 'they' regardless of gender, and you've seen the same words used as 'the' with adjectives. They also serve as the demonstrative 'that' and 'those' as used when pointing something out: **Se den elefant** [ey-l*e*-fan't] 'See that elephant'. **Det gulv er glat** [glat] 'That floor is slippery.' The only difference is in the pronunciation, which is more emphatic. It is also normal though not compulsory in written Danish to apply the accent: **dén – dét.**

When you single something out with 'this', however, you use **denne** [den-n*e*] (*c*) or **dette** [ded-d*e*] (*n*), and 'these' is **disse** [dees-s*e*]. The two alternatives in schematic form:

this	(*c*)	**denne**	that	(*c*)	**den**
	(*n*)	**dette**		(*n*)	**det**
these		**disse**	those		**de**

Den vin er ikke så god som den, jeg selv laver. [la:-vor] That wine is not as good as the one I make myself.
På denne måde kommer vi ingen vegne. Dette er meget bedre. [moh:-th*e*; vy-n*e*; beth-r*e*] In this way we'll get nowhere. (Doing) This is much better.
Disse grammatikalske udtryk er en hovedpine. [gra-ma-tee-ka'l-sg*e* ooth-truhk; hoh:th-*e*-pee:-n*e*) These grammatical terms are a headache.
***Har* du set de pragtfulde tomater!** [pragd-fool-*e* toh-ma:'t-or] *Have* you seen those magnificent tomatoes!

In colloquial Danish, however, instead of **disse** and **denne/dette** you are likely to hear **den/det/de/dem** used together with **der/her** to mean 'this (one)/these (ones) (here)' or 'that (one)/those (ones) (there)':

Det kyllingelår her tager jeg, den vinge dér får du. [kew-ling-*e*-law'; ving-*e*] This leg of chicken here I take, that wing there you get.

De tæpper (her) er dyre. The carpets here are expensive.
De drenge dér er frække. [freg-g*e*] Those boys there are cheeky.
De skruer der passer ind i disse huller/hullerne her. [sgroo-or; pas-sor, hul-lor) Those screws there fit into these holes here.
Den dér må du få, jeg vælger dén (her). [vel-yor] That one you can have, I choose this one (here).
Foretrækker du virkeligt dem dér? [faw-r*e*-treg-gor; veer-k*e*-leet] Do you really prefer those (there)?

As in so many other connections, emphasis is important: **de stramme bukser** [sdram-m*e* bugs-or] is 'the tight trousers' but ***de* stramme . . .** is 'those tight . . .'.

'Which?'

In questions concerning choice, the Danish for 'which' is **hvilken** [vil-g*e*n] (*c*) and **hvilket** [vil-g*e*th] (*n*), with **hvilke** [vil-g*e*] in the plural. A popular alternative in spoken Danish is **hvad for en** [va faw in] (*c*), **hvad for et** [va faw it] (*n*) or **hvad for nogle** (plural):

Hvilken bog vil du have? Which book do you want?
Hvilket hus bor han i? Which house does he live in?
Hvilke aviser læser du? [a-vee'-sor] Which newspapers do you read?
Hvad for en bil køber du? Which/What car are you buying?
Hvad for nogle bøger læser du? Which books are you reading?

'Such'

For the English 'such', Danish uses **sådan** [so-dan].

Sådan en forfærdelig støj! [faw-fayr-d*e*-lee] Such a terrible noise!
Sådan nogle billeder kan jeg godt lide. [bil-l*e*-thor; lee'] I like (can suffer) that kind of picture (such pictures).

The exclamation 'What (a) . . .' or 'How . . .' is mostly **sikke en/et** [sig-g*e*] and **sikke nogle** in the plural, a much used derivation from **se hvilken/hvilket**. In spoken Danish you will hear **Sikken støj! Sikket billede! Sikke billeder!** without the article.

Sikken et/Sikket held, at han fandt sådan en velhavende kæreste. [fan'd; vel-ha:-v*e*-n*e*; kayr-*e*sd-*e*] What luck that he found such a well-heeled sweetheart.

Sikke store øjne du har, bedstemor. [besd-*e*-maw] What big eyes you have, Grandmother.
Sikke slank den bokser er nu. [slank; bogs-or] How slim that boxer is now.

Vocabulary

sort [sawd]	black
billig [bil-lee]	cheap
lang [lang']	long
ved [vith] or [vi]	by
uskyldig [oo-sgewl'-dee]	innocent
farlig [fah-lee]	dangerous
at opnå [op-noh']	achieve
at vælge	to choose
karriere (-n, -r) [kah-ree-ayr-*e*]	career
kursus (kurset, kurser) [koor-soos]	course

Exercise 14

Translate:

1 De sorte cykler her er billige.
2 De børn har sådan en god mor.
3 Der er sådan nogle lange køer ved de to teatre, men ikke ved det dér.
4 Disse blå øjne er uskyldige, men sikke farlige de er!
5 Sådan nogle resultater opnår jeg aldrig!
6 Hvis du vælger dén karriere, skal du gå på dét kursus.

Vocabulary

fra [frah]	from
dyreforretning (-en, -er) [dew-r*e*-faw-ret-ning]	pet shop
forskellig [faw-skel-lee]	different
hunderace (-n, -r) [ra:-s*e*]	dog breed

ekspeditrice (-n, -r) [egs-pey-di-tree:-s*e*]	saleswoman
flere [fley-r*e*]	several
glimrende [glim-r*e*-n*e*]	splendid
hundeelsker (-en, -e)	dog lover
mest [mey'sd]	mostly
billede (-t, -r)	picture
pris (-en, -er) [pree's]	price
normalt [naw-ma:'lt]	normally
krone (-n, -r) [kroh-n*e*]	krone (main unit of Danish currency)
uge (-n, -r) [oo-*e*]	week
udsalg (-et, -) [ooth-sal']	sale
at koste [kos-d*e*]	to cost
at se . . . ud	to look . . .
at læse	to read
karakter (-en) [ka-rag-tey'r]	character
fodring (-en) [fohth-ring]	feeding
behandling (-en, -er) [bey-han'-ling]	handling, treatment
og så videre [o so vith-*e*-r*e*]	and so on
derovre [dayr-ow-r*e*]	over there
hylde (-n, -r) [hewl-l*e*]	shelf
slags (-en) [slags]	kind
begge to [beg-g*e* toh']	both
ialt [ee-al't]	in all
da [da]	then
også [os-s*e*]	also
hundemad (-en)	dog food
fantastisk [fan-tas-disg]	fantastic
tilbud (-et) [til-boo'th]	offer
først	first
krokodille (-n, -r) [kroh-koh-dil-l*e*]	crocodile
at købe [kuh:-b*e*]	to buy

CONVERSATION

Fra dyreforretningen

Ung mand	Har I en bog om forskellige hunderacer?
Ekspeditricen	Ja, vi har flere. Denne her er glimrende til hundeelskere, mest billeder, allesammen i farver. Prisen er normalt 185 kroner, men i denne uge har vi udsalg, så nu koster den kun 125.
Ung mand	Ja, de billeder ser godt ud. Men jeg vil gerne læse om hunderacernes karakter, om fodring og behandling og så videre. Er de bøger derovre på hylden ikke med i udsalget?
Ekspeditrice	Jo, de er. Her er to af den slags, du taler om, denne her til 85 kroner, den anden til 75 kroner, men den har ingen farvebilleder.
Ung mand	Må jeg få begge to for 150 kroner ialt?
Ekspeditricen	Ja, OK da. Vi har også billig hundemad. Se der, et fantastisk tilbud.
Ung mand	Tak, jeg skal først sælge min krokodille og købe hund. . .

TRANSLATION

From the pet shop

Young man	Have you a book about different dog breeds?
Saleswoman	Yes, we have several. This one is splendid for dog lovers, mostly pictures, all in colour. The price is normally 185 kroner but (in) this week we have a sale, so now it only costs 125.
Young man	Yes, those pictures look good. But I want to read about the character of the dog breeds, about feeding and handling and so on. Aren't those books over there on the shelf in the sale?
Saleswoman	Yes, they are. Here are two of the kind you are talking about, this one at 85 kroner, the other at 75 kroner, but it has no colour pictures.
Young man	May I have both (two) for 150 kroner in all?
Saleswoman	Yes, OK then. We also have cheap dog food. Look (there), a fantastic offer.
Young man	Thank you, I must first sell my crocodile and buy (a) dog . . .

Lesson 5

17 Numbers

The Danish figures are quite straightforward for English speakers until twenty-one, where Danes start with the 'one': one-and-twenty.

0	nul	[nul]			
1	én/ét	[ey'n, it]	1st	første	[fur-sde]
2	to	[toh']	2nd	anden	[an-nen]
3	tre	[trey']	3rd	tredie	[treth-ye]
4	fire	[fee:-e]	4th	fjerde	[fye-re]
5	fem	[fem']	5th	femte	[fem-de]
6	seks	[segs]	6th	sjette	[sje:-de]
7	syv	[sew'u]	7th	syvende	[syoo'-e-ne]
8	otte	[oh-de]	8th	ottende	[o-de-ne]
9	ni	[nee']	9th	niende	[nee'-e-ne]
10	ti	[tee']	10th	tiende	[tee'-e-ne]
11	elleve	[el-ve]	11th	elvte	[elf-de]
12	tolv	[tol']	12th	tolvte	[tol-de]
13	tretten	[tre-den]	13th	trettende	[tre-de-ne]
14	fjorten	[fyaw-den]	14th	fjortende	[fyaw-de-ne]
15	femten	[fem-den]	15th	femtende	[fem-de-ne]
16	seksten	[sys-den]	16th	sekstende	[sys-de-ne]
17	sytten	[suh-den]	17th	syttende	[suhd-de-ne]
18	atten	[ad-den]	18th	attende	[ad-de-ne]
19	nitten	[nid-den]	19th	nittende	[nid-de-ne]
20	tyve	[tew:-ve]	20th	tyvende	[tew:-ve-ne]
21	enogtyve	[ey'n-o-tew:-ve]	21st	enogtyvende	[ey'n-o-tew-ve-ne]
22	toogtyve		22nd	toogtyvende	
30	tred(i)ve	[tre:th-ve]	30th	tred(i)vte	[trethv-de]
40	fyrre	[fur-e]	40th	fyrretyvende	[fur-e-tew:-ve-ne]
50	halvtreds	[hal-tres]	50th	halvtredsindstyvende	[hal-tres-ins-tew:-ve-ne]
60	tres	[tres]	60th	tresindstyvende	

70	halvfjerds [hal-fyers]	75th	femoghalvfjerdsindstyvende
80	firs [fee'rs]	80th	firsindstyvende
90	halvfems [hal-fem's]	99th	nioghalvfemsindstyvende
100	(et) hundrede [hoon-*re*-th*e*]	100th	den/det hundrede (!)
101	hundrede og én/ét	101st	hundredeførste
113	hundrede og tretten		
231	to hundrede enogtredive		

8010 otte tusind og ti [too'-s*e*n]
100,000 (ét) hundrede tusind
2,000,000 to millioner [meel-lee-oh'-nor]

The peculiar figures 50, 60, 70, 80 and 90 may be easier to learn if you understand their origin, which comes from the time when the Danes counted in twenties: **tre(d)s** is a shortened version of **tredsindstyve** or **tre sinde tyve, sinde** being the now defunct word for **gange** [gang-*e*] – 'times'. Fifty, then, was half-way from forty to sixty or **halvtredsindstyve**, now shortened to **halvtreds**. The full old form, as you see, is still used for ordinal numbers.

In the same breath:
halvanden one and a half
BUT
to-en-halv, tre-en-halv etc. after that, for 2 1/2, 3 1/2. See also Section 36.

Note that, in figures, punctuation is the opposite of English: '0.1 – nought point one' in Danish is **0,1: nul komma én.** What would be '10,000.45' in English is 10.000,45 in Danish. A full stop is **et punktum.**

Other numerical expressions:

først	first
den/det tredie	the third
for det første	firstly
for det andet	secondly
én gang	once
to gange	twice
tre gange	three times
én ad gangen	one at a time

(den) første gang the first time
for tusinde gang for the thousandth time (no ‘the’)
hver femte gang every fifth time
hundreder af mennesker hundreds of people

Vocabulary

år (-et, -) [aw’] year
jubilæum (-æet, -æer) [yoo-bee-ley-um] jubilee, anniversary
hr. [hayr] Mr
at beskrive [bey-skree-v*e*] to describe
avis (en, -er) newspaper
brevkasse (-n, -r) [brayu’-kas-s*e*] letter box
at advare [ath-vah’-*e*] to warn
at lytte [lew-d*e*] to listen

Exercise 15

Translate:

1 Vi har femogtyveårsjubilæum i april.
2 Hr. Frederiksen, beskriv dem én ad gangen.
3 Han lægger avisen fra den trettende juli i din brevkasse.
4 For dig koster det kun fem tusinde ni hundrede og fireoghalvtreds kroner.
5 Det er den enogtresindstyvende gang, jeg advarer dig, men du lytter aldrig til mig.

You should by now have become used to the Danish sounds, so from here on we are no longer including the Imitated Pronunciation.

18 Past tenses of verbs: ‘spoke’, ‘has spoken’

As in English, some Danish verbs are *regular*, which basically means that there is no change of the stem vowel, while there is a change in the majority of the *irregular* verbs. As with the gender and plural of nouns, the only way to know which group a verb belongs to is to learn it for each one, and we shall help you with this in our vocabulary lists. A brief explanation will be a help in getting the feel of the patterns.

Like English, Danish has a simple past tense ('spoke') and the perfect and pluperfect tenses ('have spoken', 'had spoken'). These are formed in a very similar way to the English tenses. The perfect and pluperfect tenses are made up of a past participle ('spoken') and the appropriate tense of **have** or **være.** So let's look at the past tenses of those two verbs first.

Infinitive	*Present*	*Past*	*Perfect*	*Pluperfect*
have	**har**	**havde**	**har haft**	**havde haft**
være	**er**	**var**	**har været**	**havde været**

Jeg har haft influenza. I have had influenza.
Lægen havde selv været meget syg. The doctor had himself been very ill.

In the vast majority of regular verbs, to make the simple past tense you add **ede** to the stem of the verb – **at hoste, hostede** 'to cough, coughed'. (To make the stem of the verb, refer back to Section 10 on the command form.) If the infinitive has a double consonant before the final **e**, though, the past tense will keep that double consonant (**at kysse, kyssede,** 'to kiss, kissed').

To make the past participle, you add **et** to the stem of the verb, again retaining the double consonant of the infinitive if it has one (**hostet, kysset**).

Infinitive		*Past*	*Perfect*
kysse	kiss	**kyssede**	**har kysset**
sejle	sail	**sejlede**	**har/er sejlet**
hoste	cough	**hostede**	**har hostet**
handle	act, trade	**handlede**	**har handlet**
hamre	hammer	**hamrede**	**har hamret**

A much smaller group of verbs adds **te** to the stem for the past tense, and **t** for the past participle. We shall indicate these verbs in the vocabulary lists by adding (**-te, -t**).

Infinitive		*Past*	*Perfect*
tale	speak	**talte**	**har talt**
spise	eat	**spiste**	**har spist**
høre	hear	**hørte**	**har hørt**

bruge	use	**brugte**	**har brugt**
rejse	travel, depart	**rejste**	**har/er rejst**

De hørte, da barnet hostede, og handlede straks. They heard when the child coughed and acted immediately.

As in many languages, there are also a number of irregular verbs, some of which take the **te, t** endings, while others are altogether different. Many of them change their stem vowel. A list of these is found at the end of the book, and in the vocabulary lists they are indicated by an asterisk. Here are a few characteristic irregular verbs:

Infinitive		*Past*	*Perfect*
bede	ask, pray	**bad**	**har bedt**
blive	stay, become	**blev**	**er blevet**
bringe	bring	**bragte**	**har bragt**
følge	follow	**fulgte**	**har fulgt**
få	get	**fik**	**har fået**
give	give	**gav**	**har givet**
gøre	do	**gjorde**	**har gjort**
gå	walk, leave	**gik**	**har/er gået**
komme	come, put	**kom**	**har/er kommet**
ligge	lie	**lå**	**har ligget**
lægge	lay	**lagde**	**har lagt**
ryge	smoke	**røg**	**har røget**
se	see, look	**så**	**har set**
sidde	sit	**sad**	**har siddet**
sige	say	**sagde**	**har sagt**
smøre	grease, butter	**smurte**	**har smurt**
spørge	ask	**spurgte**	**har spurgt**
sælge	sell	**solgte**	**har solgt**
sætte	put, set	**satte**	**har sat**
tage	take	**tog**	**har taget**
tælle	count	**talte**	**har talt**

Apart from the 'did' and '-ing' forms being absent, the use of the past tense does not differ much from English.

Vi sad ved floden og så, da båden kom. We were sitting by the river and saw when the boat came.

There is even an equivalent to the English 'used to' in the sense of 'was in the habit of': the Danish verb **at pleje** (literally 'to nurse, look after') is used in this sense in the simple past. Watch out, though – 'used to' in the sense of 'accustomed to' is **vant til**:

Jeg plejede at ryge – nu er jeg vant til at tygge tyggegummi i stedet for. I used to smoke – now I am used to chewing (chewing) gum instead.

Have or være?

In English 'to have' is the dominant auxiliary for forming the perfect and pluperfect tenses. More often than not, **at have** is used similarly in Danish.

Andre havde gjort det hårde arbejde. Others had done the hard work.
Holdet har trænet godt. The team has trained well.
Hansens har bygget et hus. The Hansens have built a house.
Jeg har elsket og levet. I have loved and lived.
De havde brugt alt. They had used everything.
Har du ikke set ham? Haven't you seen him?

However, some verbs form the perfect and pluperfect with a form of **at være**. These are verbs of motion or change of state such as **at forsvinde** ('to disappear'), **at rejse, at komme, at blive.** Sometimes verbs of motion may be used with **at have** instead of **at være**. When this happens the emphasis is not on where the movement is to, but on the type of movement.

Nu er de endelig gået. Now they have finally gone.
Har du gået langs stranden? Have you walked along the beach?
Det var blevet koldt. It had become/turned cold.
Ulykken er sket. The accident has happened.
Det er begyndt at sne. It has begun to snow.
Det var begyndt at regne. It had begun to rain.
Kasseren er ikke gået, for assistenten er ikke kommet. The cashier has not left, for the assistant has not arrived.
Henning har rejst hele året og nu er han rejst til Alaska. Henning has travelled all year and now he has gone to Alaska.

It may be of help to know that **at blive** 'to become' is only ever used with **er** and **var**.

Vocabulary

kilometer (en, -)	kilometre
ud	out
igen	again
at spørge* om vej	to ask the way
nyheder	news
chef (-en, -er)	boss
bakke (-n, -r)	tray
firma (-et, -er)	firm
kartoffel (-en, kartofler)	potato
da	when
at gå* fallit	to go bankrupt
om dagen	per day
helt	completely, altogether
at tage* på i vægt	to put on weight
kilo (et, -)	kilo
et til	one more
topsælger (-en, -e)	top salesman

Exercise 16

Translate:

1 Far har gået ti kilometer, og nu er han gået ud igen.
2 Jeg bad ham spørge om vej til biografen.
3 De har bragt gode nyheder.
4 Chefen har fået pengene.
5 De lagde brødet på bakken, da de havde smurt det.
6 Firmaet handlede med kartofler, indtil det gik fallit.
7 Jeg plejede at ryge 40 cigaretter om dagen, men så opgav jeg det helt – og tog 10 kilo på i vægt!
8 Når du har solgt et hus til, er du blevet topsælger.

Vocabulary

Australien	Australia
en masse	a lot
tilbage	back
vej (-en, -e)	road

kabel (-et, kabler)	cable
ven (-nen, -ner)	friend
at ankomme*	to arrive
klokken ti	(at) ten o'clock
fair	fair
kamp (-en, -e)	fight
at tabe (-te, -t)	to lose
uærlig	dishonest
borgmester (-en, -tre)	mayor
at lave	to make
pakke (-n, -r)	packet
mellemmad (-en, -der)	sandwich
til	for
tyv (-en, -e)	thief
sølvtøj (-et)	silverware

Exercise 17

Translate into Danish:

1 The American has sailed to Australia – he has sailed a lot.
2 I found thirty-eight mice when (**da**) I came back.
3 We laid cable from the road to the house.
4 Peter's friends arrived at 10 o'clock and they have already gone.
5 They gave the team a fair fight – and lost.
6 The town has got a dishonest new mayor.
7 Mother made a packet of sandwiches for us and we have already eaten them all.
8 Thieves have taken all the silverware.

Vocabulary

er født	was born
at søge (-te, -t)	to look for
arbejde (-t, -r)	work
Danmark	Denmark
skotsk	Scottish
elsket	beloved
stilling (-en, -er)	job, position
løn (-nen)	pay, salary

herover	over here
så . . . som	as . . . as
mulig	possible
derfor	therefore
på dansk	in Danish
herlig	splendid
drøm (-men, -me)	dream
udkant (-en, -er)	edge, outskirts
indbygger (-en, -e)	inhabitant
frodig	fertile
egn (-en, -e)	area
Østjylland	East Jutland
arbejdsplads (-en, -er)	place of work
stuehus (-et, -e)	farmhouse
jord (-en)	land
ikke længere	no longer
landmand (-en, -mænd)	farmer
ca. (cirka)	approximately
halvdel (-en, -e)	half
plæne (-n, -r)	lawn
springvand (-et, -)	fountain
flagstang (-en, -stænger)	flagpole
lejlighed (-en, -er)	opportunity, occasion
blomsterbed (-et, -e)	flower bed
velholdt	well-kept
køkkenhave (-n, -r)	kitchen/vegetable garden
drivhus (-et, -e)	greenhouse
rest (-en, -er)	remainder
hjørne (-t, -r)	corner
busk (-en, -e)	bush
egetræ (-et, -)	oak tree
hytte (-n, -r)	hut
stald (-en, -e)	stable
at holde*	to keep
hest (-en, -e)	horse
at indrette	to install
sauna (-en, -er)	sauna
rum (-met, -)	room
nabo (-en, -er)	neighbour
at udleje	to let out, hire out
mark (-en, -er)	field
kærlig hilsen	with love from
at savne	to miss

READING

George fra Coventry er født i England, af danske forældre, og har søgt arbejde i Danmark. Hans skotske kone forstår noget dansk.

Min elskede Mary,
Hurra!
Nu har jeg fået stillingen, med en meget fin løn, så vi flytter herover til lille Danmark så snart som muligt, og det er derfor, jeg nu skriver til dig på dansk! Er det ikke herligt?! . . . Jeg har set vores drømmehus, i udkanten af Randers (60.000 indbyggere) i en smuk, frodig egn af Østjylland, kun 20 km fra min arbejdsplads. Det er stuehuset på en gård, men ejeren har solgt jorden og vil ikke være landmand længere. Haven er på ca. 100 × 50 meter, halvdelen er plæne med et lille springvand, flagstang – alle danske huse har flagstang og bruger den ved enhver lejlighed – og blomsterbede, og der er en velholdt køkkenhave med et drivhus, mens resten er et hjørne med træer og buske. I toppen af et egetræ er der en Tarzan-hytte – dejligt for Mark og Susan. Vi kan også købe stalden og holde heste dér – eller indrette sauna og bordtennisrum. En nabo vil udleje en mark, hvis vi virkelig vil have heste.
Kærlig hilsen og kys til jer alle, jeg savner jer meget.
Din George

TRANSLATION

George from Coventry was born in England, of Danish parents, and has applied for work in Denmark. His Scottish wife understands some Danish.

My beloved Mary,
Hooray!
I have now got the job, with a very fine salary, so we are moving over (here) to little Denmark as soon as possible, and that is why (it is therefore) I am now writing to you in Danish. Isn't it splendid?! . . . I have seen our dream house, on the outskirts of Randers (60,000 inhabitants) in a beautiful, fertile area of East Jutland, only 20 kilometres from my place of work.
It is the (farm)house on a farm but the owner has sold the land and does not want to be (will not be) a farmer any longer. The garden is

approximately 100 × 50 metres, half is lawn with a small fountain, flagpole – all Danish houses have (a) flagpole and use it on any occasion – and flower beds, and there is a well-kept vegetable garden with a greenhouse, while the remainder is a corner with trees and bushes. In the top of an oak tree (there) is a Tarzan hut – lovely for Mark and Susan. We can also buy the stable and keep horses there – or install a sauna and tabletennis room. A neighbour will let a field (to us) if we really want to have horses.
With love (loving greeting) and kisses to all of you, I miss you very much.
Your George

Lesson 6

19 Hours of the day – Periods of time

Danes invariably use the 24-hour system in anything written and the 'a.m.' and 'p.m.' method is not known. In talking they tend, as in English-speaking countries, to describe 3 a.m. as three o'clock, **klokken tre,** adding **i nat** ('last night' or 'tonight') or **om natten** ('in the night') as appropriate to make it clear. When speaking in timetable or programme terms they often use the 24-hour clock terminology. So if you are in doubt, do the same.

In describing the half-way mark between hours, correct Danish uses what sounds like the colloquial English 'half two', but be careful: **halv to** in Danish is 'half past one'. The Danes think ahead to the next hour, not back to the last one. After about twenty past and until around twenty to the hour, they mostly use the half hour as their basis for telling the time. Here, the Speaking Clock style is given in square brackets:

Hvad (or **Hvor mange**) **er klokken?**	What's the time?
Den er (klokken) ét [klokken tretten].	It's one o'clock.
halv to [ét tredive]	1.30 a.m.
kvart (or **et kvarter**) **over seks [atten-femten]**	6.15 p.m.
fem minutter i halv tre [fjorten-femogtyve]	2.25 p.m.
tretten minutter i tre [fjorten-syvogfyrre]	2.47 p.m.

Toget går fjorten treogtredive or **tre minutter over halv tre.** The train leaves at 2.33 p.m.

Uret går for hurtigt/langsomt. The clock is (goes too) fast/slow.

Denmark used to be a very agricultural country, and this still has a strong influence on Danish mealtimes and divisions of the day:

morgen	6–9
formiddag	9–12
middag	12
frokost/frokosttid	noon-13
eftermiddag	12–18

aften	18–24
nat	24–6

The hot main meal is eaten at around 18.00 and is called **middagsmad** or **aftensmad** – **mad** meaning food. **Frokost** is 'lunch' and its use as a time indicator does not differ from English. Breakfast is **morgenmad** – and a very popular end to an evening after a dinner party is to serve a (relatively) light **natmad** around midnight!

om morgenen/om formiddagen	in the morning (forenoon)
om dagen	in the daytime/by day
om aftenen/om natten	in the evening, at night
i (går) aftes	last night (up to bedtime)
i aften	this evening, tonight
i nat	last night, tonight
ved femtiden	about five
ved middagstid	at noon
i forgårs	the day before yesterday
i går	yesterday
i dag	today
i morges/i formiddags	this morning (looking back)
tidligt i morges or **i morges tidligt**	early this morning
i morgen	tomorrow
i morgen eftermiddag	tomorrow afternoon
i overmorgen	the day after tomorrow
tidligt på aftenen	in the early evening
sent på eftermiddagen	in the late afternoon
et sekund	a second
et minut	one minute
ti minutter	ten minutes
et kvarter	a quarter of an hour
en halv time	half an hour
tre kvarter	three quarters of an hour
en time	an hour
halvanden time	1½ hours
et døgn	24 hours
om dagen or **i døgnet**	a day (per day)
per dag/døgn	per day/24 hours
daglig(t)	daily
en uge	one week

i sidste/næste uge	last/next week
i forrige uge	the week before last
på fredag otte dage	Friday week
i morgen fjorten dage	a fortnight tomorrow
en måned	a month
et år	a year
et århundrede (yearhundred)	a century
for . . . siden	. . . ago
for to år siden	two years ago
i fjor (rarely: **sidste år**)	last year

Storm P.

– Vi har set de første krokus i år, de kommer sent.
– Ja, klokken er snart halv et.

– We have seen the first crocuses of this year, they are late.
– Yes, it's nearly half past twelve.

Exercise 18

Read through the conversation. Then insert the words of the vocabulary, which are arranged alphabetically, in the appropriate spaces, and read it through again.

1	**afgår**	departs
2	**enkeltbillet (-ten, -ter)**	single ticket
3	**gælder**	is valid
4	**jernbanestation (-en, -er)**	railway station
5	**klippekort (-et, -)**	punchcard
6	**måde: på den måde**	in that way
7	**pensionist (-en, -er)**	pensioner
8	**perron (-en, -er)**	platform
9	**rabat (-ten)**	discount
10	**rejser (en rejse)**	journeys
11	**ret: have ret til**	be entitled to
12	**returbillet (-ten, -ter)**	return ticket
13	**stedet: i stedet for**	instead of
14	**tid: lang tid**	long (time)
15	**vil sige**	means, is the same as

Ved ..... en

Gammel dame	Jeg vil gerne have en ..... til Roskilde. Hvor meget koster den, og hvornår går det næste tog?
Billetsælger	Den koster atten kroner. Og det næste tog ..... klokken fjorten-femogtyve fra ..... fire.
Damen	Men jeg er ..... og har ..... til ..... . Sparer jeg noget, hvis jeg køber en ..... i ..... for to enkeltbilletter?
Billetsælger	Ja, men så skal De gøre noget helt andet og købe et ..... . Det ..... for flere ..... . De sparer meget på den ..... .
Damen	Ja, jeg vil gerne have det klippekort. Sig mig, hvor lang ..... tager rejsen til Roskilde?
Billetsælger	De ankommer klokken fjorten-treoghalvtres.
Damen	Det .... syv minutter i tre, ikke sandt?

20 Past tense auxiliaries – 'could', 'should'

The simple past tense of the auxiliary verbs you met in Section 14 is easy to remember, being exactly the same as the infinitive. Unlike their English counterparts, they have a past participle, so can be used in the perfect tense (**har kunnet**), where in English you need to use different words ('have been able to').

	Past	*Past participle*
could	**kunne**	**kunnet**
should	**skulle**	**skullet**
would	**ville**	**villet**
might, had to	**måtte**	**måttet**
ought	**burde**	**burdet**
dared	**turde**	**turdet**

Han har kunnet springe 2 meter og ville have kunnet komme op på 2,10 med træning. He has been able to jump 2 metres and would have been capable of getting up to 2.10 with training.
Familien har måttet sælge alt. The family has had to sell everything.
Jeg har ikke kunnet drikke kaffe i mange år. I haven't been able to drink coffee for many years.
For to år siden kunne jeg løbe meget hurtigere – jeg bør/skulle træne. Two years ago I could run much faster – I ought to train.

Engang ville jeg være lokomotivfører. Once I wanted to be a train driver.
Mor sagde, jeg måtte, ikke, at jeg skulle. Mummy said I could, not that I had to.

As in English, auxiliaries are used very freely in an endless number of expressions which makes it impossible to produce an exhaustive list of their uses in Danish. However, here are some more examples:

Jeg må gå nu, Mor kunne blive nervøs. I must/have to go now, Mummy could/might get nervous.
Det kunne være blevet til noget meget specielt. It could have become something very special.
Det ville have været en dejlig overraskelse. It would have been a lovely surprise.
Vi skulle være gået. We should have left.
De burde have været der. They ought to have been there.
Hvad det var, jeg ville sige . . . What I was going to say . . .
Hvad var det nu, jeg skulle til at gøre? What *was* it I was about to do?
Du skulle bare prøve min hjemmelavede vin. You should really try my homemade wine.

Vocabulary

i tykt og tyndt	through thick and thin
ting (-en, -)	thing
at mærke	to notice, sense
at klare	to manage, succeed in
at smile	to smile
karakter (-en, -er)	mark
finger (-en, -gre)	finger
at kunne lide	to like
dessert (-en, -er)	dessert
fugl (-en, -e)	bird
om at	to
at holde mund	to keep one's mouth shut
mindre	less
kritisk	critical
nationalistisk	nationalistic
selvglad	self-satisfied

bedre	better
grund (-en, -e)	reason

Exercise 19

Translate:

1 Vi skulle have fulgt dem i tykt og tyndt.
2 Én ting er, hvad vi burde gøre, en helt anden er, hvad vi kan gøre.
3 Kunne I mærke, at han kunne klare det?
4 Jeg måtte smile, da jeg så politibetjenten.
5 Jeg kunne tælle elevens gode karakterer på én finger!
6 Du plejede at kunne lide desserter – kunne du ikke lide denne her?
7 Jeg ville have kunnet høre fuglene synge, hvis jeg havde turdet bede Maggie om at holde mund.
8 Burde danskerne ikke være noget mindre kritiske?
9 Jo, og hvis de kunne, skulle de også være mindre nationalistiske og selvglade!
10 Jamen, hvem kunne have bedre grund til at være det?

21 Prepositions – 'of', 'through'

Prepositions are used to show the relationship between various words in a sentence: **Mor er *i* køkkenet** 'Mummy is *in* the kitchen'. The most important of them are:

ad (moving) by, along
af of
bag, bagved behind
(i)blandt among
efter after
for for
foran in front of/before
forbi past
før before
fra from, off
(i)gennem through
hos with, at
langs (med) along
med with
(i)mellem among, between
(i)mod towards, against
nær(ved) near
om about, on
omkring around
over over, above
over for opposite
på on
til to
uden without

i in
inden before
inden for inside
indtil until
uden for outside
under under, during
ved by, at

Those prepositions with (**i**) at the beginning often appear with this traditional prefix but it does not change their meaning.

These are the very basic translations, but in fact their use, just as in English, is much wider, frequently with a meaning far removed from the basic. Furthermore, the use of prepositions in combination with nouns, verbs, adverbs and so on is often quite different to English. There is no pattern to this, and the variants have to be learnt through practice. Here are just a few examples of the use of some of the Danish prepositions, and you'll find more in Section 35:

Ad (along, through, by, at)
Kom med mig op ad vejen. Come with me up the road.
Tyven så ind ad vinduet, og klatrede så ind ad det. The burglar looked in through the window and then climbed in through it.
ud ad vinduet out of the window
To ad gangen, sagde Noah. Two at a time, said Noah.

Af (of)
En af dem er morderen. One of them is the murderer.
et hjerte af sten a heart of stone
ud af badet out of the bath
Jeg er klog af skade. I am wise from experience (hurt).
Dansk har lånt mange ord af engelsk. Danish has borrowed many words from English.
Jeg er ked af det. I am sorry (about it).

Efter (after)
Efter vinter følger forår. After winter follows spring.
Jeg starter efter dig. I start after you.
De kaster snebold efter hinanden. They're throwing snowballs at each other.
efter min mening in my opinion

I (in)
Forretningen ligger i Fiolstræde. The shop is (lies) in Fiolstræde (street name).
I aften vil jeg tidligt i seng. Tonight I am going to bed early.
glasset i drivhuset the glass of the greenhouse
i mandags on Monday (i.e. last Monday)
i tolv år for twelve years
at gå i skole/teater to go to school/the theatre *but*
at gå i biografen to go to the cinema

Om (round, about)
om hjørnet round the corner
Om lidt fortæller jeg dig en historie om en moder. In a little (while) I'll tell you a story about a mother.
Hvad beder du om? What are you asking for?
Om mandagen sejler jeg altid, men dog ikke om julen. On Mondays I always sail, but not at Christmas.

På (on)
De danser på bordene! They are dancing on the tables.
På fredag skal jeg på ferie. On Friday I'm going on holiday.
Folk på torvet ser på taleren. People in the square are looking at the speaker.
Jeg tror på Gud. I believe in God.
på restaurant to the/a restaurant
på universitetet at university
på højre/venstre side on the right/left side

Vocabulary

at skrive*	to write
bank (-en, -er)	bank
posthus (-et, -e)	post office
jul (-en)	Christmas
tante (-n, -r)	aunt
charmerende	charming
bakke (-n, -r)	hill
at tage* til	to go to

Exercise 20

Translate into Danish:

1 I have written a long letter to Holger and Lise.
2 The bank is (lies!) opposite the post office.
3 May I visit you before Christmas?
4 Two of them have left.
5 In my opinion the aunt is a charming woman.
6 Tell me about the journey.
7 The children went up the hill.
8 Without money you cannot buy food.
9 Does the train to Roskilde go from this platform?
10 On Saturday I am going to Herning.

Vocabulary

telefon (-en, -er)	telephone
min	my
ukendt	unknown
herre (-n, -r)	gentleman
undskyld	sorry
at forestille	to introduce
sig selv	themselves
som	as
med mindre	unless
meget	very
feminin	feminine
stemme (-n, -r)	voice
Deres	your
navn (-et, -e)	name
at tage* telefonen	to answer the telephone
nummer (-et, nummre)	number
lige med det samme	straight away
mere	more
sikker	safe
lejer (-en, -e)	lodger
at være* ude at fiske	to be out fishing
bro (-en, -er)	bridge
heller ikke	nor, neither
galt nummer	wrong number

både	both
vittighed (-en, -er)	joke
ulejlighed (-en)	inconvenience

CONVERSATION

I telefonen

Birgitte Strøm	Ja, det er 89 30 60.
Vagn Klods	Hallo, hvem taler jeg med?
Birgitte Strøm	Fru Strøm, men synes De ikke, De skulle sige, hvem *De* er, min ukendte herre?
Vagn Klods	Jo, undskyld, jeg er hr. Klods.
Birgitte Strøm	Jeg kan aldrig forstå, hvorfor mænd forestiller sig selv som 'hr.' – med mindre de har en meget feminin stemme.
Vagn Klods	Nå, men hvorfor sagde De så ikke Deres navn, da De tog telefonen, fru Strand?
Birgitte Strøm	Vi siger altid kun nummeret, når vi tager telefonen, og ikke navnet lige med det samme. Og vi hedder Strøm, ikke Strand. Men hvem ville De tale med?
Vagn Klods	Med Deres lejer, Frederik, tak. Se, vi skulle have været ude at fiske, og jeg har ventet på broen i over en time.
Birgitte Strøm	Jamen, vi har ingen lejer, og heller ikke nogen Frederik i huset. Så De har fået galt nummer.
Vagn Klods	Haha, hvorfor tog De så telefonen? Undskyld, både for den dumme vittighed og for ulejligheden. Farvel.

TRANSLATION

On the telephone

Birgitte Strøm	Yes, 893060.
Vagn Klods	Hello, who am I talking to?
Birgitte Strøm	Mrs Strøm, but don't you think you should say who *you* are, my unknown gentleman?
Vagn Klods	Yes, sorry, I am Mr Klods.

Birgitte Strøm I never understand why men introduce themselves as 'Mister' – unless they have a very feminine voice.

Vagn Klods Well, but why then did you not say your name when you answered (took) the telephone, Mrs Strand?

Birgitte Strøm We always say the number only when we answer (take) the telephone, and not the name right away. And our name is Strøm, not Strand. But who did you want to talk to?

Vagn Klods With your lodger, Frederik, please (thank you). You see, we should have been out fishing and I have been waiting on the bridge for over an hour.

Birgitte Strøm Yes, but we haven't a lodger, nor a Frederik in the house. So you've got the wrong number.

Vagn Klods Haha, why did you answer (take) the phone, then? Sorry, both for the bad joke and for the inconvenience. Goodbye.

Lesson 7

22 The possessive of pronouns – 'mine', 'yours', 'his'

Here is the possessive form ('my/mine', 'your(s)') of the personal pronouns dealt with in Lesson 1. In some cases the gender and number (singular or plural) of the object of the possession influences the form of the possessive.

	Singular c/n	*Plural*
my/mine	**min/mit**	**mine**
your(s) (**du**)	**din/dit**	**dine**
your(s) (**De**)	**Deres**	**Deres**
his	**hans**	**hans**
her(s)	**hendes**	**hendes**
its (**den**)	**dens**	**dens**
its (**det**)	**dets**	**dets**
our(s)	**vor/vort***	**vore***
your(s) (**I**)	**jeres**	**jeres**
your(s) (**De**)	**Deres**	**Deres**
their(s)	**deres**	**deres**

* In common use, both 'our' and 'ours' are **vores**. However, if you wish to be strictly correct, and in formal letters, you may use **vor, vort, vore.**

Giv mig din hånd og dit hjerte, og jeg giver dig brugen af mit kreditkort. Give me your hand and your heart and I'll give you the use of my credit card.
Vore hjerters skæbne er i dine hænder. The fate of our hearts is in your hands.
Se på huset, dets vinduer er knust – og bilen, dens tag er beskadiget. Look at the house, its windows are shattered – and the car, its roof is damaged.
Vore(s) drenge har mistet vor(es) fodbold, den ligger i jeres drivhus. Our boys have lost our football, it is in your greenhouse.

So far, so good. Now here comes the tricky, but sometimes useful, bit: if the possessor is third person singular, e.g. 'he', 'she' or 'it', and is the subject of the clause in which it appears, then Danish instead of using **hans, hendes, dens** or **dets** uses **sin** (*c*), **sit** (*n*) or **sine** (*plural*).

So, where in English you might say 'Peter gave Jens his hat', and it would be unclear whether the hat belonged to Peter or to Jens, in Danish there could be no mistake. If the hat is Peter's, the Danish will be:

Peter gav Jens sin hat.

but if the hat belonged to Jens in the first place:

Peter gav Jens hans hat.

Jensen lånte sin søn sin bil. Jensen lent his son his (Jensen's) car.
Han havde givet sin søn hans bil. He had given his son his car (the car that the son now had).
Det er hendes pligt. It is her duty.
Hun gør sin pligt. She does her duty.
Hønen kunne ikke finde sine æg. The hen couldn't find her eggs.
Glasset er hans. The glass is his.
Han gav mig sit glas. He gave me his glass (his own).
Han gav mig hans glas. He gave me his glass (someone else's).
Bed ham give dig sit glas. Ask him to give you his glass.

Remember this applies to singular subjects only:

Det/Den har sit formål. It has its purpose.
De har deres formål. They have their purpose.

Be careful not to confuse **deres** (plural subject) and **sine** (singular subject but plural object):

Spillerne tog deres fodboldstøvler af. The players took their football boots off.
Spilleren tog sine støvler af. The player took off his boots.

When referring to clothes and parts of the body, though, Danes often don't use the possessive:

Han brækkede benet. He broke his leg.
Hun gik fra forstanden. She went out of her mind (from the intelligence).
Han tog hatten af. He took off his hat.

Vocabulary

egen (eget, egne)	own
stol (-en, -e)	chair
appelsin (-en, -er)	orange
hat (-ten, -te)	hat
højre	right
lomme (-n, -r)	pocket
flag (-et, -)	flag
tur (-en, -e)	turn
grønsager	vegetables
fod (-en, fødder)	foot
sofa (-en, -er)	sofa, settee
mørk	dark
at passe på	to mind, pay attention to
skarp	sharp
tunge (-n, -r)	tongue

Exercise 21

Delete the wrong alternative:

1 Manden flyttede hans/sin egen stol.
2 Appelsinen er i hans/sin hat.
3 Du har pengene i din/dit højre lomme.
4 Amerikanerne elsker deres/sit flag.
5 Vi går vort/vores vej nu, og så er det din/dit tur.
6 Køber du dine/din grønsager hos hr. Bang?
7 Sig til dem, at de skal sælge sit/deres hus nu.
8 Bed ham flytte sine/hans fødder fra sofaen.
9 Vores have har sine/deres mørke hjørner.
10 Hun skal passe på sin/sit skarpe tunge.

23 Comparison of adjectives – good, better, best

When you wish to say how sweet your lady or how good your man is in comparison with others, you mostly do it in a way not far removed from English: ‘good’, ‘better’, ‘best’, **god, bedre, bedst;** ‘sweet’, ‘sweeter’, ‘sweetest’, **sød, sødere, sødest.** In other words, the comparative ending (‘er’ in English) is **(e)re** and the superlative (‘est’ in English) is **(e)st.**

The superlative form adds an **e** in the indefinite plural and in all definite forms (**den sødeste sang, de sødeste sange,** 'the sweetest song', 'the sweetest songs').

Starting with some regular comparisons:

		Comparative	*Superlative*
soft	**blød**	**blødere**	**blødest**
expensive	**dyr**	**dyrere**	**dyrest**
rich	**rig**	**rigere**	**rigest**
wise	**klog**	**klogere**	**klogest**
high	**høj**	**højere**	**højest**
low	**lav**	**lavere**	**lavest**
wide	**bred**	**bredere**	**bredest**

The consonant-doubling which you have met before occurs here too:

narrow	**smal**	**smallere**	**smallest**
smart	**flot**	**flottere**	**flottest**
beautiful	**smuk**	**smukkere**	**smukkest**
stupid	**dum**	**dummere**	**dummest**

Adjectives that end in **ig** (but not **rig**), or **som** add only **st** in the superlative:

lovely	**dejlig**	**dejligere**	**dejligst**
cheap	**billig**	**billigere**	**billigst**
poor	**fattig**	**fattigere**	**fattigst**
happy	**lykkelig**	**lykkeligere**	**lykkeligst**
slow	**langsom**	**langsommere**	**langsomst**

If an adjective ends with **el, en** or **er,** you normally drop the **e** before adding the **ere** or **est** endings. In double-consonant words, one consonant is dropped in the process:

noble	**ædel**	**ædlere**	**ædlest**
lazy	**doven**	**dovnere**	**dovnest**
cheerful	**munter**	**muntrere**	**muntrest**
delicious	**lækker**	**lækrere**	**lækrest**

Some adjectives change completely irregularly, though still with the same endings:

good	**god**	**bedre**	**bedst**
bad	**dårlig**	**værre**	**værst**
large	**stor**	**større**	**størst**
small	**lille**	**mindre**	**mindst**
old	**gammel**	**ældre**	**ældst**
young	**ung**	**yngre**	**yngst**
many	**mange**	**flere**	**flest**
few	**få**	**færre**	**færrest**
much	**meget/megen**	**mere**	**mest**
little	**lidt**	**mindre**	**mindst**
long	**lang**	**længere**	**længst**

'Much' as a quantitative term may be formed according to gender: **meget vand** (*n*), 'much water', **megen vin** (*c*), 'much wine'.

Notice that 'more/most' is **mere/mest** when it applies to quantity or degree, but **flere/flest** for numbers of items:

Svend har den største samling og har brug for mere plads til endnu flere ting. Svend has the largest collection and needs (has need for) more space for even more things.
De har spist det meste af osten. They have eaten (the) most of the cheese.
De fleste butikker holder åbent idag. (The) Most shops are open (keep open) today.

Mindre/mindst means both 'less/least' (quantity) and 'smaller/ smallest'. Be careful not to use it in place of **færre/færrest,** 'fewer/fewest':

Den lille busk har mindre blomster end den mindste potteplante. The little bush has smaller flowers than the smallest pot plant.
Kun de færreste skatteydere ønsker mindre socialforsorg, men de vil have færre arbejdsløse. Only the fewest tax payers want (wish) less social welfare, but they want fewer unemployed.

As in English, some adjectives, usually the longer ones, tend not to take the comparative and superlative endings, but use **mere** and **mest** when they compare. This applies as well to all adjectives ending with **fuld, ende, et** or **s.**

mere samvittighedsfuld	more conscientious
mere charmerende	more charming
mere jaloux	more jealous
mest buttet	plumpest
mere komfortabel	more comfortable
mest gammeldags	most old-fashioned

On the other hand, just as in English, many adjectives can be made comparative in either of the two ways. 'More beautiful', for instance, can be either **smukkere** or **mere smuk.**

Not surprisingly, 'less' and 'least' with adjectives are **mindre** and **mindst:**

mindre misundelig	less envious
mindst ondskabsfuld	least vicious

'More/less . . . than' in Danish is **mere/mindre . . . end.** 'Even' as in 'even better' is **endnu** (**endnu bedre**) and 'very' as in 'very best' is **aller** added to the beginning of the word (**allerbedst, allermest**).

Mors store frokost er endnu større end den allerstørste appetit.
Mother's big lunch is even bigger than the very biggest appetite.

Vocabulary

dygtig	able
beskeden	modest
bøgetræ (-et, -er)	beech tree
land (-et, -e)	country
Grønland	Greenland
verden (verden, -er)	world
ø (-en, -er)	island
at gå* klædt i	to wear
modern	modern
tøj (-et)	clothes
smidig	flexible
tolerant	tolerant
udlænding (-en, -e)	foreigner
par (-et, -)	couple
deltager (-en, -e)	participant

Exercise 22

Translate:

1 He is the ablest but also the most modest man in the town.
2 That beech tree is old but the other is even older.
3 Denmark is one of the very smallest countries – but Greenland is the world's largest island.
4 They are the loveliest people.
5 It is best to obey if the other is stronger than you are.
6 There are fewer days in February than in any other month.
7 More people wear more modern clothes now.
8 Can't you be a little more flexible – and far more tolerant?
9 Danes like most foreigners.
10 The most charming and happy couple are also the very richest of all the participants.

24 The impersonal Danish 'man' (one, you)

The Danish word **man** covers the meaning of the English 'one' and 'you' as used in the impersonal, or general, sense, but is much more widely used:

Man ved (det) aldrig. One never knows./You never know.
Hvordan skal man gøre det? How is one to do that?/How is that to be done?
Sådan noget gør man ikke. That kind of thing is not done.
Skal man ikke dreje til højre her? Don't you/Doesn't one have to turn right here?
Man kan ikke gøre for, at man stammer. You can't help it if you stutter.

The possessive, referring back to **man,** is **sin, sit** or **sine.**

Man har sin stolthed. One has one's pride.

Rather like the English 'one', the word **en** used to be applied in Danish the way **man** now is, and has not lost its role completely. **Man** is used only when it is the subject, the one 'doing' or 'being', as in the examples. **En** is used when it is the object (and since it is stressed, you will often see it with the accent):

Motion er godt for én. Exercise is good for one/you.

Ens is the possessive where there is no **man** to refer back to:

Det sårer ens stolthed. It hurts one's pride.
. . . godt for ens helbred . . . good for one's health

Storm P.
Filosofisk mand på bænk i parken:
– Man kan lære umådelig meget af de gamle ordsprog – men man gør det ikke.

Philosophical man on park bench:
– We can learn a great deal from the old proverbs – but we don't.

– Man har ment, at oldtiden ikke vedkommer os, men havde vi ikke haft den, havde vi heller ikke haft nutiden!

– It has been said that antiquity does not concern us, but had we not had it, we would not have had the present either.

Vocabulary

grønthandel (-en)	greengrocer's (shop)
vejr (-et)	weather
tomat (-en, -er)	tomato
kilo (-et, -)	kilo
umuligt	not possibly, impossibly
der	which
øre (en, -)	Danish coin, worth 1/100 of a **krone**
moden	ripe
at skynde (-te, -t) sig	to hurry
at forbedre	to improve
salat (-en, -er)	salad
gulerod (-en, -rødder)	carrot
langt	far
kær	dear
at smage (-te, -t)	to taste
at sammenligne	to compare
at stole på	to trust
at skuffe	to disappoint
at emigrere	to emigrate
hurtigt	quickly

blot	only
køn	pretty
kunde (-n, -r)	customer
sans for humor	sense of humour
at håbe	to hope
melon (-en, -er)	melon
gratis	free
det bliver	that comes to
uforbederlig	incorrigible

CONVERSATION

I grønthandelen

Fru Frandsen Goddag, hr. Bang, dejligt vejr idag. Og De har nogle fine tomater i vinduet, men de koster nitten kroner kiloet.

Bang Ja, fru Frandsen, men man kan umuligt få dem bedre idag! Jeg har lige for et øjeblik siden fået nogle andre, der kun koster fjorten kroner og halvtreds øre, og de er faktisk lige så gode, men lidt mere modne, så man skal skynde sig at spise dem. Se her . . .

Fru Frandsen Godt, lad mig få et halvt kilo af dem. De forbedrer altid en salat, ikke? Jeg vil også gerne have et kilo gulerødder, helst små, og halvandet kilo nye kartofler, hvis man kan få dem nu. Jeg har set langt billigere appelsiner end dem, De har til enogtyve kroner, og mindst lige så gode.

Bang Kære fru Frandsen, det ved man kun, når man har smagt dem. Køb nogle af mine, og sammenlign dem med de andre, og hvis mine ikke er langt de bedste, vil jeg give Dem pengene tilbage.

Fru Frandsen Nej, jeg stoler på Dem – og hvis De skuffer mig, er det sikreste for Dem at emigrere hurtigt! Min mand er slagter.

Bang Haha, De er ikke blot den allerkønneste af alle mine kunder, De har også den bedste sans for humor . . . håber jeg! Det får De denne lækre melon for, gratis. Det bliver fireoghalvtreds kroner og femogfyrre øre ialt, tak.

Fru Frandsen Tusind tak, hr. Bang, man kan sige meget om Dem – og man gør det – men uforbederlig er De! Farvel, og på gensyn.

TRANSLATION

At the greengrocer's

Mrs Frandsen Good morning (day), Mr Bang, lovely weather today. And you have some fine tomatoes in the window but they cost nineteen kroner a kilo.

Bang Yes, Mrs Frandsen, but you won't find (one can't possibly get them) better today! I have just a moment ago received some others which cost only fourteen kroner and fifty øre and they are in fact just as good, but a little riper, so you have to eat them quickly (hurry to eat them). Look . . .

Mrs Frandsen Good, let me have half a kilo of them. They always improve a salad, don't they? I would also like (to have) a kilo of carrots, preferably small – and one and a half kilos of new potatoes, if one can get them now. I have seen far cheaper oranges than those you have at twenty-one kroner, and at least just as good.

Bang Dear Mrs Frandsen, one only knows that when one has tasted them. Buy some of mine and compare them with the others and if mine are not by far the best, I'll give you your money back.

Mrs Frandsen No, I trust you – and if you disappoint me, the safest (thing) for you is to emigrate quickly! My husband is a butcher.

Bang Haha, you are not only the very prettiest of all my customers, you also have the best sense of humour . . . I hope! For that you get this delicious melon, free. That'll be fifty-four kroner and forty-five øre in all, thank you.

Mrs Frandsen Thank you very much, Mr Bang, they (one) can say a lot about you – and they do – but you *are* incorrigible! Goodbye, see you again.

Lesson 8

25 Reflexive pronouns: 'myself', 'themselves'

Since Section 7, you have known the Danish for 'me, you, him' etc. – the object pronoun. The same pronouns are used in reflexive constructions – meaning 'myself' etc. – except that 'himself', 'herself', 'itself' and 'themselves' are all **sig**. Here they are all applied to the verb **skære*** 'to cut'.

jeg skærer	**mig**	(I cut)	myself
du skærer	**dig**		yourself
De skærer	**Dem**		yourself
han/hun skærer	**sig**		him/herself
den/det skærer	**sig**		itself
vi skærer	**os**		ourselves
I skærer	**jer**		yourselves
De skærer	**Dem**		yourselves
de skærer	**sig**		themselves

Jeg vasker mig. I get washed (wash myself).
Vi morer os. We are enjoying (amusing) ourselves.
De varmer sig ved ilden. They are warming themselves by the fire.
Mor, jeg skar mig/har skåret mig! Mummy, I (have) cut myself!
Man kan more sig over det. It can be amusing (one can amuse oneself over it).

Some verbs are used with the reflexive pronoun in Danish, though not in English, including:

at gifte sig	to get married
at kede sig	to be bored
at bekymre sig	to worry
at glæde sig over	to be pleased with, enjoy
at glæde sig til	to look forward to
at skabe (-te, -t) sig	to be silly (**at skabe** 'create')
at skynde (-te, -t) sig	to hurry
at komme* sig	to recover

at bryde* sig om	to care for, like
at forandre sig	to change
at rejse (-te, -t) sig	to get up
at klæde sig på	to get dressed

Vi gifter os imorgen. We're getting married tomorrow.
I bryder jer ikke om Jens. You don't care for/like Jens.
I har noget at glæde jer til. You have something to look forward to.
Jeg skynder mig hjem. I am hurrying home.

To stress the personal aspect ('he did it himself'), Danes use the word **selv** 'self', as follows:

Han gjorde det selv. He did it himself.
Vi reparerede det selv. We repaired it ourselves.
Pas jer selv. Mind your own business (look after yourselves).
Hvis du er gammel nok til at barbere dig selv, kan du også klæde dig selv på. If you are old enough to shave yourself, you can also dress yourself.
Hun holdt sig for sig selv. She kept herself to herself.
Jeg lavede mad til mig selv. I cooked (made food) for myself.
Det kan du selv gøre! You can do that yourself!

These reflexive pronouns take exactly the same position in the sentence as any other object pronoun.

Vocabulary

at passe sig selv	to mind one's own business
bare	just, only
fordi	because
at blive* færdig	to finish
patient (-en, -er)	patient
ulykke (-n, -r)	accident
selv	even
nu om dage	these days
folk	people
i radioen	on the radio
at behøve	to need
ind	in
mens	while

alder: i deres alder	at their age
at lære (-te, -t)	to learn
at opføre (-te, -t) sig	to behave
ordentligt	properly
læge (-n, -r)	doctor
at skamme sig	to be ashamed

Exercise 23

Translate:

1 They should mind their own business.
2 You must not worry about me just because I have cut myself.
3 He is bored, but she is not hurrying to finish.
4 The patient is now recovering after the accident.
5 Even these days people are getting married!
6 Christmas is really something to look forward to.
7 I get dressed while I listen to the news on the radio.
8 You don't need to get up when I come in.
9 They are only being silly – at their age they should have learnt to behave properly.
10 That lazy doctor ought to be ashamed.

26 Adverbs – 'almost', 'already'

You have already come across a number of adverbs throughout this course: **ikke, gerne, allerede, aldrig, noget** and so on. Adverbs in one way or another *modify* verbs, adjectives, or other adverbs to which they are added – be it by way of adding, detracting, changing or whatever:

Han trækker sig tilbage allerede i år. He is retiring (already) this year.
i en næsten uhørlig hvisken in an almost inaudible whisper
Måske vil de kun acceptere dette. Perhaps they will only accept this.
Dette er ret mistænkeligt. This is somewhat suspicious.
Selv Søren er lidt træt. Even Søren is a bit tired.
Selv ikke det gjorde dem helt tilfreds. Not even that satisfied them completely (made them completely satisfied).

Just as in English some adverbs are made by adding '-ly' to an adjective ('rapidly', 'shortly'), adverbs can be made from adjectives in Danish by adding **t** (**godt** 'well', **langt** 'far'), **vis** (**heldigvis** 'fortunately', **naturligvis** 'naturally, of course'), and sometimes adjectives are used unchanged as adverbs (**let** 'lightly').

Here are some common adverbs:

aldrig never
alligevel all the same, anyway
altid always
bare, blot, kun only
da then
desuden besides, furthermore
desværre unfortunately
dog yet, however
ellers otherwise
endnu still, yet
for too
ganske quite, rather
gerne willingly
heldigvis fortunately
ikke not
især especially
langt far
længe (for a) long (time)
muligvis perhaps
måske perhaps
naturligvis of course
nu now
næsten almost
ofte, tit often
også also
selvfølgelig of course
sommetider sometimes
straks immediately
så then
undertiden occasionally

Adverbs indicating where something is, or where it is going, are dealt with in Section 37.

Some adverbs can be compared. Those derived from adjectives use the same comparative forms as the adjective from which they come, while others follow the same kind of pattern:

willingly	**gerne**	**hellere**	**helst**
frequently	**tit**	**tiere**	**tiest**
often	**ofte**	**oftere**	**oftest**
long (time)	**længe**	**længere**	**længst**
seldom	**sjælden**	**sjældnere**	**sjældnest**

Vocabulary

uanset regardless, no matter
at øve sig to practise
at ramme (-te, -t) to hit

forkert	wrong
at minde om	to remind of
krig (-en, -e)	war
ret (-ten, -ter)	right
at strejke	to (go on) strike
at ringe til	to ring, telephone
alene	alone
bestemt	certainly
almindelig	ordinary

Exercise 24

Translate:

1 Uanset hvor længe Ole øver sig, rammer han tit forkert.
2 Det er langt fra at være helt færdigt, og dog er det allerede smukt.
3 Sangen mindede mig straks om dig og endnu mere om krig.
4 De vil blot have deres ret – ellers strejker de.
5 Hun ringer næsten altid til ham, når hun er alene.
6 Han er bestemt ikke helt almindelig!
7 Bedre sent end aldrig!
8 Undertiden går vi i biografen, men vi går oftere i teater.
9 Selvfølgelig arbejdede de længe, men så kunne de ikke længere.
10 Det er desværre for gammelt, og heller ikke for stærkt.

27 Conjunctions

Words, phrases and sentences can be linked together by conjunctions, such as **og** 'and', **eller** 'or', **men** 'but', **samt** 'plus', **såvel som** 'as well as', **for** 'for', 'because', and **så** 'so'.

Amongst other conjunctions you will recognise several which are also prepositions:

Those dealing with *time:*
da, dengang, når when
før, inden before
(i)mens while

indtil until
siden since

Da and **dengang** ('when', 'that time' or 'on the occasion when') are both used in talking about the past, while **når** deals with the present and future and repeated incidents in the past:

Da Mozart levede, var der rigtige komponister til! When Mozart lived, there were real composers!
Det var dengang vi så det fem-mastede skoleskib, ikke sandt? It was (the time) when we saw the five-masted training ship, wasn't it?
Det er først rigtig jul, når vi går i kæde om juletræet. It is only really Christmas when we join hands and walk (walk in chain) around the Christmas tree.
Vi havde det bedst, når vi var hjemme. We were happiest when we were at home.

Others are used in *comparisons:*
som as
ligesom like, just as
end than
(lige) så . . . som (just) as . . . as

Tandlægen er (lige) så klodset som han altid har været. The dentist is (just) as clumsy as he has always been.
Danmark er mindre end Irland. Denmark is smaller than Ireland.

Cause:
fordi because
da since
eftersom as

Eftersom/Da du ikke har tabt vægt, må det være fordi du ikke har taget motion siden jeres ferie. Since/As you have not lost weight, it must be because you have not taken any exercise since your holiday.

Condition:
hvis, om if
såfremt, hvis provided
ifald, i tilfælde af at if, in the case that
bare, blot if only
med mindre unless

I tilfælde af brand skal man bruge nødudgangen. In case of fire you must use the emergency exit.
Bare/Blot hun dog ville holde mund. If only she would keep her mouth shut. (If you must know: 'shut up!' = **hold kæft!**)

Concession:
selvom, skønt although

Purpose:
for at in order that, so that

Asking and telling:
at that
om if, whether

Vocabulary

berømt	famous
prinsesse (-n, -r)	princess
hovedpine (-n, -r)	headache
at gå* en tur	to go for a walk
slot (-tet, -te)	palace
sol (-en, -e)	sun
ned	down
endelig	finally
at standse	to stop
sø (-en, -er)	lake
at drømme (-te, -t)	to dream
at dreje	to turn
kostbar	costly, precious
ring (-en, -e)	ring
pludselig	suddenly
vand (-et, -e)	water
chok (-et, -)	shock
tåre (-n, -r)	tear
at begynde (-te, -t)	to begin
at flyde*	flow
tudse (-n, -r)	toad
mund (-en, -e)	mouth
at sove*	to sleep
modbydeligt	repulsive

at protestere	to protest
at give* efter	to give way, acquiesce
at samle op	to pick up
at bære*	to carry
soveværelse (-t, -r)	bedroom
at vågne	to wake up
at opdage	to discover
klodset	clumsy
at ske (-te, -t)	to happen
at forvandle sig til	to turn into
nej, vel?	no, you don't, do you?
konge (-n, -r)	king

Exercise 25

Fit appropriate conjunctions into the spaces:

Som du ved – eller burde vide – er Danmark berømt som eventyrenes land, 1) . . . vi må have denne historie med: Prinsessen havde hovedpine, 2) . . . hun gik en tur i slottets have, 3) . . . solen gik ned. Endelig standsede hun ved søen og stod dér og drømte, 4) . . . hun drejede sin kostbare ring. Pludselig tabte hun ringen, 5) . . . den faldt i vandet. Det var et chok, 6) . . . allerede 7) . . . hendes tårer begyndte at flyde, så hun en stor tudse, 8) . . . den havde hendes ring i munden! "Åh, tak, kære tudse, jeg har ikke været så lykkelig, 9) ... min far gav mig ringen."
"Jamen, du får den først, 10) . . . jeg kan sove i din seng i nat."
"Uh, hvor modbydeligt," tænkte prinsessen, og først protesterede hun, 11) . . . endelig gav hun efter, samlede tudsen op og bar den til sit soveværelse. "12) . . . jeg vågner imorgen, får jeg ringen, 13) . . . min far opdager ikke, hvor klodset jeg har været."
14) . . . næste morgen var der sket noget fantastisk: 15) . . . hun sov, havde tudsen forvandlet sig til en flot, ung mand!
Kære læser, tror DU på eventyr?
Nej, vel? Det gjorde hendes far, kongen, heller ikke!

Vocabulary

taxa (-en, -er)	taxi
at prøve	to try

at rette	to correct
fejl (-en, -)	mistake
taxachauffør (-en, -er)	taxi driver
udtale (-n)	pronunciation
Europa	Europe
præmie (-n, -r)	prize
fransk	French
klar	clear
havfrue (-n, -r)	mermaid
at reparere	to repair
pragtfuld	splendid, wonderful
at forestille sig	to imagine
fjernsyn (-et)	television
frisør (-en, -er)	hairdresser
dronning (-en, -er)	queen
sommerresidens (-en)	summer residence
at mene (-te, -t)	to mean
skønhedsdronning (-en, -er)	beauty queen
at fortjene (-te, -t)	to deserve
ærlig	honest
engang	once (upon a time)

CONVERSATION

I en taxa i København

Miss Canada Jeg prøver at lære dansk, for min mor er dansker. Vær venlig at tale langsomt og at rette mig, hvis jeg laver fejl.

Taxachauffør Det er meget fint, så er det derfor, din udtale er god. Jeg læste i avisen, at du er her, fordi du fik en Europarejse i præmie for at være den smukkeste kvinde i Canada, ikke?

Miss Canada Det siger de. Min far er fransk-canadisk, men selvom jeg ikke har været her før, har jeg hørt meget om København.

Taxachauffør Det er klart, at du lærer let. Se nu, før vi kommer til Den lille havfrue, bør du se Gefionspringvandet – selvom det er uden vand lige nu, mens man reparerer det. Alligevel er det pragtfuldt, synes du ikke?

Miss Canada	Jo, jeg kan forestille mig, hvordan det ser ud. Men da jeg skal på jeres fjernsyn i aften, må vi skynde os, så jeg ikke kommer for sent til frisøren klokken fem.
Taxachauffør	Selvfølgelig, men vil du ikke se, hvor den anden dronning bor, indtil hun flytter ud til sin sommerresidens? Se, dér er Amalienborg.
Miss Canada	Hvad mener du, når du siger den anden dronning?
Taxachauffør	Ha, du er jo skønhedsdronning. Og du fortjener det, når jeg skal være ærlig! Engang var min kone lige så smuk – der var engang, som der står i eventyret!

TRANSLATION

In a taxi in Copenhagen

Miss Canada	I'm trying to learn Danish, because my mother is Danish. Please speak slowly and correct me if I make mistakes.
Taxi driver	That is very fine, so that is why your pronunciation is good. I read in the paper that you are here because you were given a trip to Europe as a prize for being the most beautiful woman in Canada, isn't that right?
Miss Canada	That's what they say. My father is a French-Canadian but, even though I have not been here before, I have heard a lot about Copenhagen.
Taxi driver	It is clear that you learn easily. Look now, before we come to The Little Mermaid you ought to see the Gefion Fountain – even though there is no water in it while they are (one is) repairing it. It is splendid all the same, don't you think?
Miss Canada	Yes, I can imagine what it looks like. But since I am going on your television tonight, we must hurry so that I won't be (come too) late for the hairdresser at five o'clock.
Taxi driver	Of course, but don't you want to see where the other queen lives until she moves out to her summer residence? Look, there is Amalienborg.

Miss Canada What do you mean when you say 'the other queen'?

Taxi driver Hah, after all, you are a beauty queen. And you deserve it, if I have to be honest! Once my wife was just as beautiful – (there was) once upon a time, as it says (there stands) in the fairy-tale!

Lesson 9

28 Relative pronouns – 'that', 'which', 'who'

Yet another Danish word which covers several different English ones: 'who', 'whom', 'that' or 'which' as relative pronouns ('the boy who did it', 'the ship which/that sank') can *all* be represented in Danish by **som**. In many instances, you can equally well use **der**. Both remain the same for both genders and in the plural!

bankbestyreren, som/der sagde nej the bank manager who said no
De bukser, som/der var i udsalget, kostede kun det halve. The trousers which were in the sale cost only half as much ('the half').
Mureren, der/som byggede huset, gik fallit. The mason who built the house went bankrupt.
Enhver, der/som kan svømme, kan være med. Anyone who can swim can take part.

Notice that sometimes the demonstrative article is used in such sentences (**de bukser**), though this is not essential.

In the examples above, **som** or **der** is the subject of the verb immediately following it (**sagde, var, byggede, kan**). When the relative pronoun is the object of the verb (illustrated by the use of 'whom' rather than 'who'), it can only be **som,** never **der.** Just as in English, though, it is often left out altogether.

mureren, (som) vi ansatte the mason (whom) we engaged
Jeg vasker de bukser, (som) vi købte. I am washing the trousers (which/that) we bought.
enhver svømmer, (som) klubben har valgt any swimmer (whom) the club has chosen
pigen, (som) du flirtede med the girl with whom you were flirting/the girl you were flirting with
Jeg kan lide det, (som) fjernsynet viser nu. I like what is on TV (that which is the TV is showing) now.

Where, as in the last example, the usual English is 'I like what', the same short cut is often used in Danish:

Jeg kan lide, hvad . . .

The possessive form of **som** and **der** is **hvis** 'whose'.

Manden, hvis skyld det var, tilstod. The man whose fault it was confessed.

Der is also needed to go with **hvad** and **hvem** when they are the subject of a verb in such sentences as:

Fortæl mig, hvem der gjorde dette her. Tell me who (it was that) did this.
Hvad der så skete, ved jeg ikke. What happened then, I don't know.
Ved hun, hvad der er nødvendigt? Does she know what is necessary?

Vocabulary

nøgle (-n, -r)	key
job (-bet, -)	job
at efterligne	to copy
at rulle	to roll
at samle	to gather
mos (-set)	moss
lærerinde (-n, -r)	(female) teacher
abe (-n, -r)	monkey
blind	blind
væk	away
at hade	to hate
champagne (-n)	champagne
at vaske	to wash
skjorte (-n, -r)	shirt
hård	hard

Exercise 26

Translate into Danish:

1 Give the key to the American who asked for it.
2 The Australian who did the job did it himself.
3 We should copy the method that they use.
4 The stone that rolls gathers no moss.
5 I know a teacher who is a lovely lady.
6 It was the monkey that had one blind eye that ran away.
7 I hate what they are playing.
8 The champagne which they have chosen is far too expensive.
9 Now wash the shirts I gave you two weeks ago!
10 He lost his money, for which he had worked so hard.

29 Sentence building – more complex sentences

Hans har tid nu. Han skriver et brev til Grete. Hans has time now. He is writing a letter to Grete.

Here we have two perfectly straightforward sentences, each consisting of one clause. Now, if you wish to link them together in one sentence, which will then have two clauses, and the two clauses are equally important, you use simple linking conjunctions such as **og, men, for** and **så** – and the word order does not change:

Hans har tid nu, så han skriver brev til Grete. Hans has time now, so he is writing a letter to Grete.
Det er mørkt, men vi har en lygte, og vi kan læse. It is dark, but we have a lamp, and we can read.

However, if one sentence is dependent on the other, things start to be different. We'll insert conditions with 'if' and 'when':

Hvis Hans har tid, skriver han et brev til Grete. If Hans has time, he will write a letter to Grete.
Når vi får en lygte, kan vi læse. When we get a light, we can read.

In these sentences, the first clause is – to use the grammatical term – subordinate to the second, which is known as the main clause because it could stand alone as a sentence. Notice that when a sentence begins with a subordinate clause, there is automatically inversion in the main clause. This inversion does not happen in the subordinate clause, even if the main clause comes first:

Når du kalder, kommer jeg. When you call I come.
Jeg kommer, når du kalder. I come when you call.
Du skal vande græsplænen, før du kører til Ålborg. You must water the lawn before you drive to Ålborg.
Før du kører til Ålborg, skal du vande græsplænen. Before you drive to Ålborg, you must water the lawn.

Note: Correct Danish punctuation is more regulated than English and a comma should normally be inserted between two clauses. This can sometimes be helpful to understanding.

There is one other extremely important difference in the word order of subordinate clauses. **Ikke, aldrig, altid** and other common adverbs, and negatives such as **ingenting,** instead of following the verb, come between the subject and the verb:

Hvis Hans ikke har tid,
Når vi altid har en lygte,
Siden jeg ikke er rig, Since I'm not rich,
Selvom han ingenting har gjort idag, Even though he hasn't done anything today,
Med mindre du faktisk har tid, Unless you actually have time,
Hvad jeg ikke har gjort er at skrive det brev. What I haven't done is to write that letter.
Mureren havde arbejdere, som vi ikke kunne lide. The mason had workers whom we didn't like.
Den, som/der ikke vil prøve, er en kujon. He (the one, anyone) who will not try is a coward.

As you see, the same rule applies to the relative clauses we saw in the previous section, since they are also subordinate clauses.

When a question is part of a longer sentence, it has the word order of a subordinate clause, but clauses beginning with **at** meaning 'that' can follow either subordinate clause word order or main clause word order:

Hun spurgte, om vi ikke også ville komme. She asked whether we wouldn't come too.
Fortæl mig, hvad du synes, og hvad vi skulle gøre. Tell me what you think, and what we should do.

Han sagde, at han havde ikke tid./Han sagde, at han ikke havde tid. He said (that) he didn't have time.

One other peculiarity of Danish word order:

Jeg håber ikke, det regner idag. I hope it doesn't rain today.
Han håber aldrig, det sker igen. He hopes it will never happen again.

Naturally, as in any language, emphasis may change the normal word order: **Han sagde, at tid havde han ikke...** implying that a 'but' is to follow.

En Storm P.-mand til en anden:
– Hvis De ikke kan huske, hvad jeg hedder, kan De jo bare slå op i telefonbogen.

One Storm P. man to another:
– If you cannot remember my name, all you have to do is look it up in the telephone book.

Tankefuld man på bænk:
– Nu sidder jeg her, fri som en fugl – men det må være en høne, for flyve kan jeg ikke.

Thoughtful man on bench:
– Now I am sitting here, free as a bird – but it must be a hen, because fly I cannot.

Vocabulary

bukser	trousers
problem (-et, -er)	problem
bil (-en, -er)	car
kvittering (-en, -er)	receipt
at stave	to spell
rigtigt	correctly
supermand (-en, -mænd)	superman
hospital (-et, -er)	hospital

Exercise 27

Translate:

1 De bukser, jeg vaskede igår, er allerede snavsede.
2 Når de arbejder, er der aldrig problemer.
3 Det bliver ikke os to, hvis du ikke er rig.
4 Den mand, du solgte bilen til, vil blot have en kvittering.
5 Selvom du ikke kan stave rigtigt, skulle du skrive tit.
6 Hvem der fulgte efter Frederik den Niende, ved jeg ikke.
7 Fordi du er nummer ét, skal du ikke tro, at du er supermand.
8 Vær venlig at vise mig, hvor hospitalet ligger – hvis du har tid.

30 The colours

hvid	white
grå	grey
sort	black
gul	yellow
grøn	green
blå	blue
brun	brown
rød	red
orangefarvet	orange
violet/purpur	purple

Vocabulary

prins (-en, -er)	prince
at gifte sig med	to marry
at banke	to knock
dør (-en, -e)	door
at lukke op	to open
at fare* vild	to get lost
at byde* ind	to ask in
ægte	genuine
ært (-en, -er)	pea
bund (-en, -e)	bottom
at komme*	to put
madras (-sen, -ser)	mattress

oven på	on top (of)
edderdunsdyne (-n, -r)	eiderdown quilt
forfærdelig	terrible
hel	whole
krop (-pen, -pe)	body
museum (museet, museer)	museum
nutidig	present-day
forfatter (-en, -e)	author
præst (-en, -er)	priest
historie (-n, -r)	story
klasse (-n, -r)	class
opgave (-n, -r)	task
at genfortælle*	to retell
-årig	-year-old
at slutte	to finish
version (-en, -er)	version
over det hele	all over

Exercise 28

Translate:

Hans Christian Andersen fortæller om prinsen, der ikke kunne finde en *rigtig* prinsesse at gifte sig med. En sen aften bankede en pige på slottets dør. Da den gamle konge lukkede op, sagde hun, at hun var en prinsesse og var faret vild. Kongen bød hende ind.

For at undersøge, om hun nu også var en ægte prinsesse, lagde den gamle dronning en ært på bunden af pigens seng, og kom tyve madrasser oven på og oven på dem igen tyve edderdunsdyner.

Om morgenen spurgte de, hvordan pigen havde sovet. Ganske forfærdeligt, svarede hun, for hun havde ligget på noget, der var så hårdt, at hun var brun og blå over hele kroppen. Så det var helt klart, at her var en *rigtig* prinsesse, og prinsen tog hende til kone, mens ærten kom på museum.

Den nutidige danske forfatter og præst Johannes Møllehave skriver, at han fortalte historien til en tredie klasse og gav den til opgave at genfortælle den. En 9-årig dreng sluttede sin meget korte version med: . . . og da prinsessen vågnede op om morgenen, var hun grøn og gul og blå over det hele. Se *det* var en *rigtig* prins!

31 Politeness

You've already seen several ways of saying 'please' and 'thank you' in Danish. The simple 'Yes, please' or 'No, thank you' in answer to an offer are: **ja tak** and **nej tak** respectively. There are a couple more formal ways of expressing 'please', often used in public announcements: **Vi beder Dem venligst . . ., Vi gør høfligst opmærksom på. . . .** The announcer is not describing his or her gentle nature, but using normal Danish courtesy, which means something like 'We ask you to be kind enough to . . .' and 'May we please draw your attention to . . .'.

You will seldom hear **tak** on its own. It is usually **mange tak,** 'many thanks', or, very frequently, **tusind tak** – said with conviction! You respond with **tak i lige måde,** 'and you', **å, jeg beder** 'oh, I beg' or **ikke noget at takke for,** 'not at all'.

At the end of a meal, you are expected to say **tak for mad!** 'thank you for the food', and your host(ess) will reply: **velbekomme!** 'you're welcome'. And the next time you speak to them you must say **tak for sidst!** 'thank you for the last time' or **tak for i går** etc. as appropriate.

Handing something over, you say **værsgo** (literally, 'be so good').

'Sorry!' and 'Excuse me' are basically **undskyld!**, though you will of course also hear other ways of saying it:

Undskyld, De ku'(nne) vel ikke lige sige mig vejen til . . .
Excuse me, I don't suppose you could just tell me the way to . . .
Må jeg godt lige komme forbi? Excuse me, can I get by?
Undskyld mig bare et øjeblik. Excuse me a moment.
Und*skyld*, trådte jeg Dem over tæerne? Sorry, did I tread on your toes?
Undskyld, må jeg lige se den? Excuse me, may I just have a look at it?

If your apology is abject, you might say **Åh, jeg er frygteligt ked af det – vil du tilgive mig?** 'I'm terribly sorry – will you forgive me?'

You congratulate with **til lykke (med)** or **må jeg gratulere.** 'Happy birthday' is **til lykke med fødselsdagen,** and 'Merry Christmas and a Happy New Year' would be **glædelig jul og godt nytår!**

'Get well soon' is **god bedring** and 'good luck' **held og lykke!**

To Storm P.-mænd siger farvel til hinanden:
– Hvis vi ikke skulle ses forinden, må jeg så ønske Dem glædelig jul.
– Tak i lige måde, og godt nytår, glædelig påske og pinse og til lykke med fødselsdagen!

Two Storm P. men take leave of each other:
– If we don't see each other before then, may I wish you Happy Christmas.
– Thank you, and to you, and Happy New Year, Happy Easter and Whitsun and Happy Birthday!

Vocabulary

Østtyskland	East Germany
specialitet (-en, -er)	speciality
campingvogn (-en, -e)	caravan
pølse (-n, -r)	sausage
mon	I wonder
kød (-et)	meat
dernede	down there
røget	smoked
skinke (-n, -r)	ham
absolut	absolutely
delikatessedisk (-en, -e)	delicatessen counter
snes (-en, -e)	a score (twenty)
lammerullepølse	rolled lamb sausage
grov	coarse
leverpostej (-en, -er)	liver paté
spegepølse	salami
smør (-et)	butter
kylling (-en, -er)	chicken
vist	probably, I think
at runde af	to round off
agurk (-en, -er)	gherkin
i orden	all right
lad gå	all right
fristelse (-n, -r)	temptation

CONVERSATION

I slagterforretningen

Slagter Goddag, fru Pedersen, hvad skal det være i dag?

Fru Pedersen Vi skal på ferie i det gamle Østtyskland, så nu vil vi gerne have nogle danske specialiteter med i vores campingvogn.

Slagter Mine pølser er meget danske, ikke? Og mon ikke kød er dyrt dernede – hvad med en røget skinke, der kun koster 68 kroner kiloet og absolut er i topklasse?

Fru Pedersen Ja, lad mig få halvandet kilo skinke. Men lad mig se på Deres delikatessedisk. Åh ja, og jeg vil gerne have en snes æg. Og må jeg få 500 gram lammerullepølse, grov leverpostej, spegepølse, seks pakker smør, to røgede kyllinger . . . ja, så er der vist ikke mere. Hvor meget bliver det?

Slagter Det bli'r – lad mig se . . . trehundredeogfireogtredive kroner – men lad os runde det af til trehundredeogfyrre, hvis jeg giver Dem et stort glas agurker med – er det i orden?

Fru Pedersen Lad gå, og jeg siger tak. Opfør Dem ordentligt, mens vi er væk, ikke?

Slagter Når De ikke er her, er der ingen fristelser!

TRANSLATION

In the butcher's shop

Butcher Goodday, Mrs Pedersen, what is it to be today?

Mrs Pedersen We are going on holiday in the old East Germany so we would like to take some Danish specialities with us in our caravan.

Butcher My sausages are very Danish, aren't they? And I wonder, is meat not expensive down there – what about some smoked ham which costs only 68 kroner a kilo and is absolutely (in) top class?

Mrs Pedersen Yes, let me have one and a half kilos of ham. But let me have a look at your delicatessen counter. Oh yes, and I'd like to have a score of eggs. And may I have 500 grammes of rolled lamb, coarse liver paté, salami, six packets of butter, two smoked chickens . . . yes, then I don't think there's any more. How much will that be?

Butcher That'll be – let me see . . . 334 kroner – but let's round it off to 340 if I give you a large jar (glass) of gherkins – is that all right?

Mrs Pedersen All right, and I say thank you. Behave yourself while we're away, won't you?

Butcher When you're not here there are no temptations!

Lesson 10

32 Passive verbs – 'to be treated'

When one does something ('I treat' **jeg behandler**), the verb is said to be 'active'. When something is done to one ('I am [being] treated') or to something ('it is treated'), the verb is dubbed 'passive'. In Danish, the passive is made in one of two ways.

In the first method, an **s** replaces the final **r** of the present tense or is added to the end of the past tense.

to treat	**at behandle**	to be treated	**at behandles**
we treat	**vi behandler**	we are treated	**vi behandles**
I treated	**jeg behandlede**	I was treated	**jeg behandledes**

Den hest behandles dårligt af sin ejer og bruges hårdt. That horse is treated badly by its owner and is used hard.
Der drikkes for meget alkohol idag. There is too much alcohol drunk today.

Applied to the future:

Dyrene vises om et øjeblik. The animals will be shown in a moment.

However, the **s** ending cannot be used in the other tenses. The other method is to use **blive** with the past participle:

Den bliver behandlet dårligt og (bliver) brugt hårdt. It is treated badly and used hard.
De bliver vist. They are shown.

And in the past:

Hun blev husket . . . She was remembered . . .
Hesten blev vist. The horse was shown.

So:

Lyset bliver slukket or **Lyset slukkes.** The light is turned off.
Lyset blev slukket or **Lyset slukkedes.** The light was turned off.
Lyset er blevet slukket. The light has been turned off.
Lyset var blevet slukket. The light had been turned off.

(Remember that the auxiliary for **blive** is always **være,** never **have**.)

And again moving into the future:

Lyset bliver slukket kl.23. or **Lyset vil blive slukket...** The light will be turned off at 11 p.m.

And with modal auxiliaries:

Vi ville være blevet straffet. We would have been punished.
Lyset skulle blive slukket. The light should be turned off.

If you see **Lyset er/var slukket** 'The light is/was off', don't let it confuse you. In this case **slukket** is being used as an adjective.

In practice, Danes often avoid the passive and resort to the useful **man** – see Section 24:

Man huskede hende. Man spiser for meget i det hjem. Man drikker for meget idag. Man behandler den hest dårligt. Man havde slukket lyset.

Storm P.
- Ærligt talt, så har jeg ikke megen forstand på opera – men hvis den blev sunget i fri luft, ville hele personalet blive tiltalt for støjende adfærd.

– Frankly speaking, I don't know much about opera – but if it were sung in the open air, the entire cast would be charged with noisy behaviour.

Vocabulary

at køre (-te, -t)	to drive
garage (-n, -r)	garage
at huske	to remember

forsigtig	careful
at omtale (-te, -t)	to talk about
som om	as if
forbryder (-en, -e)	criminal
at feje	to sweep
at tænde (-te, -t)	to light
lys (-et, -e)	light, candle
præsentation (-en, -er)	presentation
at drikke*	to drink

Exercise 29

Translate:

1 Kør bilen ud af garagen, men husk, at den skal køres forsigtigt.
2 Han omtales, som om han var en forbryder.
3 Gulvet var aldrig blevet vasket, kun fejet.
4 Man ved ikke altid, hvordan det gøres bedst.
5 Når det er blevet mørkt, tænder man lysene på juletræet.
6 Mit navn staves med 'ph', men du staver det altid med 'f'.
7 Man håber, at præsentationen kan gøres let og hurtigt.
8 Ikke al vinen blev drukket.

33 The impersonal 'it' and 'that': 'it's raining'

Det plays a versatile role in Danish as an *impersonal* – mainly with the meaning of 'it' but frequently meaning 'that' as well.

Det precedes *impersonal verbs*:

Det regner. It rains/is raining.
Det øser ned. It's pouring (down).
Det stormer. It is blowing a gale.
Det sner. It is snowing.
Uha, det lyner og tordner. Ugh, there is lightning and thunder.
Det klør. I've got an itch.
Det går dårligt. Things are going badly (it goes badly).
Det er godt – vi trænger til det. That's good – we need it.
Det er godt, (at) det virker. It's good that it functions.

Det siges, at vi får en kold vinter. It is said that we will be getting a cold winter.
Det var mig, søm gjorde det. It was I/me who did it.

The equivalent of the English impersonal ‘there’ is **der.**

Der skrives så meget sludder. There is so much nonsense written.
Der er ingen tvivl om hans ærlighed. There is no doubt about his honesty.

Some expressions which are personal in English are impersonal in Danish:

Det glæder mig at høre det. I am pleased (It pleases me) to hear that.

Det – or, colloquially, **den** – is used in endless phrases to replace an entire statement, much like ‘it’, ‘so’ and ‘that’ in English.

Hav det sjovt – og rart. Have fun – and a nice time.
Den går ikke, gamle dreng. That won’t do, old boy.
Er du træt? Det er jeg også. Are you tired? So am I.
Det skal guderne vide! Goodness knows (the gods must know it)!

Storm P. demonstrating a couple of these points:

– Hvorfor mon sneen er hvid?
– Ellers kan man ikke se, at det er sne.
. . .
– Tilfældigheder eksisterer ikke, husk det, hvis De tilfældigvis skulle støde på en.

– I wonder why (the) snow is white.
– Otherwise one cannot see that it is snow.
. . .
– Coincidences don’t exist – remember that if you happen to (coincidentally) come across one.

34 Compounds

You will already have noticed a few long Danish words which in English require two or more to say the same thing. Basically, when two or more words are used together to mean one thing, in Danish they are 'compounded' into one word: (**brugtvognsforhandleren** 'the used car dealer' from **brugt** = 'used', **vogn** = 'carriage, car', **forhandleren** = 'the dealer'). As a result, there are very many more compounds in Danish than in English, but in all likelihood they will cause you little or no trouble.

The gender of a compounded noun is determined by its last component, as in **bilværksted** ('garage') which, translated literally, is 'car work place'. **Bil** is of common gender (**bilen**), but the neuter **sted** decides the whole: **et bilværksted, bilværkstedet.** Normally only the last component changes in the plural: **bilværksteder**.

When nouns are joined to form compounds, an **s, e** or **er** is often inserted as a link:

fabriksarbejdere	factory workers
landbrugsskole	agricultural school
barnevogn	pram
pariserrejserne	the Paris trips
højesteretsdommer	supreme court judge
en tresætskamp	a three-set match
trediveårskrigen	the Thirty Years' War

All kinds of words can be compounded, and we have included only a small selection here. Remember always to make any changes in ending, etc. only in the last component.

mørkegrå dark grey	**lyseblå** light blue
blødsøden sloppy (soft-sweet)	**stenhård** stone-hard
ungkarl bachelor	**hurtigtog** fast train
hjemvende return home	**musikelsker** music lover
udenfor outside	**bagved** behind
underetage lower floor	**overnatte** to stay overnight

More members of the family:

lillebror little brother	**storebror** big brother
bedstefar grandfather	**bedstemødre** grandmothers

oldefædre great-grandfathers	**oldemødre** great-grandmothers
halvsøstrene the half-sisters	**halvbrødrene** the half-brothers
svigersøn son-in-law	**svigerdatter** daughter-in-law
barnebarn grandchild	**børnebørn** grandchildren

(This is one of the very few examples where the plural influences the first part of the compound!)

Vocabulary

Rather than translating the compounds for you, we are providing you with the parts that go to make them up, and you must work out the compounds for yourself.

fart (-en)	motion, speed, (sailing) trip
skib (-et, -)	ship
passager (-en, -er)	passenger
færge (-n, -r)	ferry
at nyde*	to enjoy
at danse	to dance
orkester (-et, orkestre)	orchestra
en hel del	a lot
told (-en)	(customs) duty
forresten	by the way
at dele (-te, -t)	to share
lærer (-en, -e)	(male) teacher
Fyn	Funen
forlovet	engaged
fanatisk	fanatical
luft (-en)	air
sport (-en)	sport(s)
gal	mad
død	dead
kedelig	boring
indkøb (-et, -)	purchase, shopping
at trække* vejr	to draw breath, breathe

Exercise 30

Translate:

Inge Hoff	Velkommen til Esbjerg og Danmark, var det en god overfart?
Ted Young	Skibet er den bedste passagerfærge, jeg har været på, og vi nød det ungarske danseorkester.
Inge Hoff	Ja, og maden var god, men måske lidt dyr, ikke?
Ted Young	Nej, det synes jeg nu ikke, men vi drak en hel del af den toldfrie vin for at spare! Forresten, ved morgenmaden delte vi bord med en højskolelærer fra Fyn, der kender dig og din mand. Han hed Frank Henriksen.
Inge Hoff	Ja, jeg var engang forlovet med ham. Men han er fanatisk friluftsmenneske og sportsgal – og dødkedelig. Kom, følg nu efter mig til min indkøbsbil, der har vejrtrækningsproblemer.

35 More prepositions

Returning to the different uses of key prepositions:

for for
Åbn dåsen for mig. Open the can for me.
Søg ly for blæsten. Take shelter from the wind.
Den er god for tandpine. It is good for/against toothache.
Har du brug for mig lige nu? Do you need (have use for) me just now?
dag for dag day by day
at bo for sig selv to live on one's own
Hvad er det for noget? What is that?
Jeg ku' ikke gøre for det. I couldn't help it/It wasn't my fault.

for at is 'to' in the sense of 'in order to':

Han gik ud for at reparere taget. He went out to repair the roof.
Jeg kommer for at hente dig. I'm coming to pick you up (fetch you).

hos with, at
Mor er hos bedstemor. Mother is at Granny's.

Hos mig er du i sikkerhed. With me you are safe (in safety).
Man får det bedste brød hos bageren. You get the best bread at the baker's.

med with
Tag med tog. Go by train.
Du med dine klager, gå med dig! You and your complaints, be off with you!
med andre ord in other words
Hun lærer det med tiden. She will learn, in time.
Skidt med det! Never mind!

over over, across, about
På kortet over London ser du broen over Themsen. On the map of London you see the bridge over the Thames.
Klag over det. Complain about it.
Vi vandt over dem. We defeated (won over) them.
Er du kommet over din forkølelse? Have you got over your cold?

til to, for
De kom til byen. They came to the town.
Der er telefon til dig. There's a phone call for you.
til gavn for landet for the benefit of the country
Hvad siger du til det? What do you think of (say to) that?
Til venstre er kirken. To the left is the church.

til at comes into play with adjectives and verbs:
Nu er du god til at læse dansk. Now you are good at reading Danish.
Jeg er vant til at blive adlydt. I am used to being obeyed.
Folk var nødt til at spise bark. People had to eat bark.
Jeg skulle lige til at gøre det. I was just about to do it.
Har du lagt mærke til, at det er meget dyrere end for ti år siden at leve over evne? Have you noticed that it is much more expensive than ten years ago to live above your means?
Undskyld, jeg kom til at drikke din champagne. Sorry, I happened to drink your champagne.

Vocabulary

kold	cold
blæsende	windy
pelskåbe (-n, -r)	fur coat
at betale (-te, -t)	to pay
at betale sig	to pay, be worth it
varm	warm
handske (-n, -r)	glove
ked af det	sorry
dyreven (-nen, -ner)	animal lover
at foretrække*	to prefer
at beholde*	to keep
at hjælpe*	to help
børnehave (-n, -r)	nursery school
samme	same
slankekur (-en, -e)	slimming treatment
nede	down

CONVERSATION

Else Hvad giver du mig i julegave i år, Henrik?

Henrik Det må jeg sige! Du begynder tidligt, Else, det er den tredie maj i dag.

Else Jamen, det er koldt og blæsende udenfor, det minder mig om vinteren, og Agnes' mand har købt en pelskåbe til hende nu, fordi det kan betale sig – de er billigere om sommeren.

Henrik Det kan godt være, men det er gode, varme handsker også. Jeg er ked af det, men jeg er pludselig blevet en stor dyreven, og pelsdyr foretrækker at beholde deres varme tøj. Hvem er Agnes, forresten?

Else Det er en dame, der sommetider hjælper mig i børnehaven, vi er på samme slankekur.

Henrik Godt: Du får din pels, når du er nede på den samme vægt, som da du begyndte kuren! Man bør jo betale mindre for en mindre kåbe . . .

TRANSLATION

Else What are you giving me as a Christmas present this year, Henrik?

Henrik (That) I must say! You're starting early, Else, it is the third of May today.

Else Yes, but it is cold and windy outside, that reminds me of the winter, and Agnes' husband has bought a fur coat for her now because it pays – they are cheaper in the summer.

Henrik That may well be but so are good, warm gloves. I am sorry but I have suddenly become a great animal lover (friend), and fur-bearing animals prefer to keep their warm clothes. Who is Agnes, by the way?

Else She (that) is a lady who sometimes helps me in the nursery school, we are on the same slimming treatment.

Henrik Good: you'll get your fur coat when you are down at the same weight as when you began the course! A smaller coat ought to cost less (one ought to pay less for a smaller coat) . . .

Lesson 11

36 Fractions and collective numbers

Fractions follow a pattern close to the English but it must be remembered that **halv** 'half' is an adjective, so is influenced by the gender of the noun.

På en halv dag spiste de et halvt får. In half a day they ate half a sheep.
Den halve dag brugtes til træning. Half the day was used for training.

But you can also say **halvdelen** 'the half part':

Grossereren købte halvdelen af beholdningen. The wholesaler bought half the stock.

As in English, other fractions can also be expressed in different ways:

en kvart or **en fjerdedel**	one fourth/one quarter
trekvart or **tre fjerdedele**	three quarters
en/én trediedel	a/one third

En fjerdedel af appelsinerne var rådne. One fourth of the oranges were rotten.

Smaller fractions use the **del** ('part') ending:

to femtedele	two fifths

Remember **halvanden/halvandet,** meaning 'one and a half' (or **én og en halv/ét og et halvt**).

to trekvart	two and three quarters
tre en halv	three and a half

Any noun with fractions is in the singular, not the plural:

tre en halv kage three and a half cakes

Moving into descriptions of groups:

et par	a couple
et dusin	a dozen
en snes	a score
enkelt	single
dobbelt	double
tredobbelt	threefold
seksdobbelt	sixfold

Vocabulary

lektion (-en, -er)	lesson
at huske	to remember
mindst	at least
ret	quite, rather
fremskridt (-et, -)	progress
nok	enough, probably
lydbånd (-et, -)	audiotape
ikke ret	not very
hele tiden	all the time
at bruge (-te, -t)	to use, spend
undersøgelser	investigations, research
rapport (-en, -er)	report
rigtig	really
konklusion (-en, -er)	conclusion
at indbyde*	to invite
at holde* tale	to make a speech
i hvert fald	in any case, at any rate

Exercise 31

Translate:

– Nu har du arbejdet med at lære dansk i to en halv måned, hvordan går det?

– Det går ganske godt, jeg har gjort tre fjerdedele af lektionerne og jeg kan huske mindst treogtyve ord! Nej, jeg gør ret gode fremskridt, men jeg skulle læse mere og øve mig mere. Jeg har bare ikke tid nok.
– Har du ikke et lydbånd, som du kan bruge i bilen?
– Jo, men jeg kører ikke ret tit mere, jeg sidder jo hjemme og skriver hele tiden. Så det er ikke så dårligt, når jeg alligevel bruger tre kvarter om dagen på mit dansk.
– Åh ja, du skriver jo om dine undersøgelser. Er du ikke færdig med din rapport endnu?
– Nej, jeg kan ikke rigtig komme til en konklusion. Men det sker nok snart. Og så skal der være fest, og jeg indbyder selvfølgelig også dig!
– Tak, og så holder du tale på dansk, ikke?
– Det siger du, fordi du ved, at den så i hvert fald bliver kort!

37 Adverbs of place and movement

One intriguing group of adverbs indicates the direction of a movement or, with an **e** added, the place where something is:

gik bort	went away
var borte	was away/gone
gik hjem	went/walked home
blev hjemme	stayed at home
gå frem	walk forward
vi er fremme	we've got there
kom ind!	come in!
vi er lukket inde	we're locked in
ud med dig	out you go
vi er ude	we're out

op up(wards)	**oppe**
over over, past	**ovre**
hen over to	**henne**

The little word **hen** plays a key role when Danes move *to* something. It has no exact equivalent in English, though 'over' comes near:

Hun gik hen til vinduet. She went (over) to the window.
Gå hen til bageren for mig. Go to the baker for me.

If you just said **gik til** and **gå til,** it would mean 'walk' rather than using some other means of moving.

When the move requires 'here' or 'there', the little **hen** is required again: **herhen** or **derhen**. 'Where to' is **hvorhen/hvor . . . hen,** and 'where from' is **hvorfra/hvor . . . fra**.

Jeg gik ikke derhen. I did not go there.
Hvor kommer du fra? Where do you come/are you coming from?
Hvor skal du hen? Where are you going?
Hvorfra, sagde du? From where, did you say?

On the odd occasion, you may want to use 'come over here' **kom herover** or 'go over there' **gå derover** or other combinations with **der/her** and **ud, ind, op, ned.**

Once you've arrived, or if you are speaking of something which is permanently 'over there', 'up here', etc., the **e** ending applies: **derhenne, herovre, herude, herinde, heroppe, hernede.**

derovre på den anden flodbred over there on the other river bank
Derhenne ligger gården. Over there is the farm.
Herude er luften ren. Out here, the air is clean.

Other adverbs describing moves are:

tilbage back
fremad forwards

And combinations:

herfra from here	**derfra** from there
hertil to here	**dertil** to there

Vocabulary

hegn (-et, -)	fence
at lukke ind/ud	to let in/out
at lukke inde/ude	to lock in/out, shut in/out
filosofisk	philosophical
at kigge indenfor	to look in, drop in

at mangle	to lack
logik (-ken)	logic

Exercise 32

Translate:

To Storm P.-mænd taler til hinanden gennem et højt hegn:
– De kan vel ikke lukke mig ud?
– Jo, hvis De kan lukke mig ind.

Men hvis den mand, der er lukket inde, havde svaret nej, ville den anden mand være lukket ude.

Filosofisk mand:
– Når man siger 'kig indenfor, når du går forbi', mangler man logik.

38 Some idiomatic uses of adverbs

It is said that Jutlanders – like Yorkshiremen – never overstate and that **Det er ikke for dårligt** ('It's not too bad') is their highest praise. It is certainly in the nature of the down-to-earth Danes to use plenty of weakening adverbs. Though you will recognise many of these adverbs, used in this way they are very hard to translate into English, where the equivalent often lies in the way the sentence is said.

bare (only)
Nu skal du bare se! Let me show you really something!
Du kan bare prøve! Don't you dare! (You just try!) BUT **Du skulle bare prøve . . .** You ought to try . . .

nu (now)
Han gør det nu godt. He actually does do it well.
Vi har nu ikke taget det hele. In fact we did not take all of it.
Det ved jeg nu ikke, hvad jeg skal sige til. Oh, I'm not too sure I agree.

da (then)
Det kan du da ikke! Surely you can't do that!

Den er da dejlig. Oh, it *is* lovely.
Kan du da ikke lade være? Really, *can't* you stop?

jo (after all)
Du kunne jo godt! So you *were* able to!
Det regner jo hele tiden. It rains all the time, you see./After all, it does rain all the time.

mon (I wonder)
Hvem mon det er? I wonder who that is.
Mon ikke vi skulle flyve? Don't you think we should fly?

nok (enough)
Det lykkes nok for jer. You will probably succeed.
Det er godt nok farligt. It is, admittedly, dangerous.
Du er nok meget sikker på dig selv! You seem to be very sure of yourself!
Det skal nok passe. I dare say you're right.
Det må du nok sige! How right you are!

vel (well)
Du er vel ikke gravid? I hope you're not pregnant?
Det er vel løgn? It's a lie, I take it?
De er ikke onde, vel? They are not evil, are they?
Det er vel nok en dejlig flæskesteg. I dare say it is a lovely pork joint.

nemlig (in fact)
Nej, det er nemlig slet ikke dårligt. No, it's not at all bad, actually.
De er nemlig de helt rigtige musikere. They are just the right musicians, you see.

39 Parallel conjunctions and adverbs – 'both . . . and'

Just as in English, conjunctions and adverbs are sometimes used in pairs:

både . . . og	both . . . and
enten . . . eller	either . . . or
hverken . . . eller	neither . . . nor

and in comparisons:

(lige) så . . . som	(just) as . . . as
ikke så . . . som	not as . . . as
jo (mere) . . . des (mere)	the (more) . . . the (more)

Det var både godt og dårligt, at Peter ikke gik i skole idag. Han lærte ganske vist ikke noget nyt, men han læste meget, og han reddede kanariefuglen fra at blive ædt af en kat! Jo mere jeg tænker over det, des mere overbevist bliver jeg om, at han hverken egner sig til universitetsstudier eller til at blive forretningsmand. Men han er stærk – han er lige så kraftig som sin far – og hans hænder er skruet godt på. Derfor tror jeg, at han enten bliver håndværker eller noget, der har med udendørsliv at gøre. It was both good and bad that Peter didn't go to school today. He admittedly did not learn anything new but he read a lot and he saved the canary from being eaten by a cat! The more I think about it, the more convinced I am that he is suited neither to university studies nor to becoming a businessman. But he is strong – he is just as strongly built as his father – and his hands are screwed on well. Therefore I think that he will either become a craftsman or something which has to do with outdoor life.
Han er ikke så klog, som han selv tror. He is not as clever as he thinks (he is).

Jo . . . des can equally well be **jo . . . jo** or **des . . . des**.

Jo/Des mere jeg tjener, jo/des mere bruger jeg. The more I earn, the more I spend (use).

Vocabulary

grim	ugly
heller ikke	not . . . either
uhøflig	rude
at se på	to look at
frihed (-en, -er)	freedom
religiøs	religious
interesseret	interested
politik (-ken)	politics
fag (-et, -)	trade, subject

Exercise 33

Translate into Danish:

1 Is your friend as rich as he is ugly?
2 No, he is not as rude as you are, either.
3 The more I look at her, the more I love my freedom.
4 That family is neither religious nor interested in politics.
5 Both Romeo and Juliet work in the theatre trade.
6 I neither read nor practise as much (in) Danish as I had wished.

40 Teaser nouns

A limited number of nouns are found in common as well as neuter gender, with a different meaning in each:

en frø (-er) a frog	**et frø (-)** a seed
en nøgle (-r) a key	**et nøgle (-r)** a ball of yarn
en søm (-me) a seam	**et søm (-)** a nail
en øl (-ler) a (bottle of) beer	**øllet** the beer
en øre (-) the smallest coin	**et øre (-r)** an ear

And watch out: whereas **brød** on its own is 'bread', **et brød** is 'a loaf of bread'.

Vocabulary

gade (-n, -r)	street
offentlig	public
toilet (-tet, -ter)	toilet
side (-n, -r)	side
at passe på	to be careful
at stoppe	to stop
midt i	in the middle of
trafik (-ken)	traffic
fortov (-et, -e)	pavement
at fortsætte*	to continue
lige ud	straight on
venstre	left
at hilse (-te, -t)	to greet (give regards to)

længere fremme	further on
parkeringshus (-et, -e)	multi-storey car park
nærmere	closer
meter (-en, -)	metre
at ringe	to ring
lukket	closed
at forklare	to explain
at sende (-te, -t)	to send
at krydse	to cross
park (-en, -er)	park
trappe (-n)	staircase, steps
hånd (-en, hænder)	hand
uha	oh dear
må endelig ikke	must be sure not to

CONVERSATION

På gaden

Dame på indkøb Vær venlig at sige mig, hvor der er et offentligt toilet.

Avismand Selvfølgelig, og hurtigt, ikke? Se, du skal lige gå over på den anden side af gaden dér – pas godt på, lad være med at stoppe midt i trafikken. Når du er på det andet fortov, skal du gå til højre. Fortsæt lige ud, til det første hjørne. Drej til venstre – og hils den blomstersælger, der står lidt længere fremme, fra mig. Spørg ham, hvor parkeringshuset er, dér er der toiletter.

Damen Mange tak, men er der ikke et nærmere sted? Og jeg har ikke en bil, så hvordan kan jeg bruge bilparkeringen?

Manden Åh, jo, forresten er der en kafé med en rar ejer kun hundrede meter borte. Ring eller bank på, hvis den er lukket, og forklar ham, at Steffen har sendt dig. Kryds over den lille park dér til højre, fortsæt op ad den lille trappe, og på højre hånd ligger 'Eriks Kaffekop'. Skynd dig nu!

Damen Uha, ja, farvel, og tak. Nej, giv mig lige "Alt for Damerne".

Manden Værsgo, men betal, når du kommer tilbage, du må endelig ikke komme for sent!

TRANSLATION

In the street

Lady, shopping Please tell me where there is a public toilet.

Newspaper man Of course, and quickly, yes? Look, you must just walk over to the other side of the street there – be careful, don't stop in the middle of the traffic. When you are on the other pavement, you must turn right. Continue straight on, to the corner. Turn left – and give my regards to the flower seller who is standing a little further on. Ask him where the multi-storey car park is, there are toilets there.

The lady Many thanks, but is there no place closer? And I haven't got a car, so how can I use the car park?

The man Oh yes, as it happens there is a café with a kind owner only a hundred metres away. Ring or knock if it is closed and explain to him that Steffen has sent you. Cross the little park there on the right and continue up the little staircase and on the right is (lies) 'Erik's Coffee Cup'. Hurry, now!

The lady Oh dear, yes, and thanks. No, just give me "Everything for the ladies" (Danish magazine).

The man There you are, but pay when you come back, you must be sure not to be too late!

Lesson 12

41 More verbs ending in s

A few Danish verbs occur in the passive **s** form only, including:

enes agree
lykkes succeed
længes (efter) long (for)
mislykkes fail

Det enes de aldrig om, selvom de længes efter fred. They will never agree about that, even though they long for peace.

Notice that **lykkes** and **mislykkes** are impersonal verbs, used with **det**:

Det lykkedes ham at lære dansk. He succeeded in learning Danish.
Nej, det mislykkedes, han brugte et andet kursus. No, it was a failure, he used another course.

Other verbs can have the sense of 'each other' when used with the passive **s**:

de ses ofte they see each other often
vi ses! see you! (we'll see each other)
de mødes they meet (each other)
drengene slås the boys are fighting (each other)
de skændes they are quarrelling

And some others can have a special meaning with the passive **s**:

der findes there are
det synes it seems
jeg synes I think, I am of the opinion that
synes du om do you like

Learners often confuse **synes** and **tro: at tro** is 'to think' in the sense of 'believe' (**tro på** 'believe in'), whereas **synes** is expressing an opinion. The verb **mene** covers both meanings.

Vocabulary

ret (-ten, -ter)	dish, course
at komme* op at slås	to come to blows
at komme* an på	to depend on
forret (-ten, -ter)	starter, first course
at slå* til	to be enough
spisekort (-et, -)	menu
spændende	exciting
at studere	to study
vinkort (-et, -)	wine list
imens	meanwhile
moms	VAT
betjening (-en)	service
pris (-en, -er)	price
halvgammel	oldish
bagefter	afterwards
begge (dele)	both
at interessere	to interest
lige meget	equally
flødesovs (-en)	cream sauce
citronfromage (-n, -r)	lemon mousse
flødeskum (-men)	whipped cream
jordbær (-ret, -)	strawberry
evig	eternal
laksepaté (-en, -er)	salmon paté

Exercise 34

Translate:

– Kan vi enes om kun at spise to retter? Eller synes du, det er for lidt?
– Det kommer vi ikke op at slås om – eller bare skændes om. Men det kommer noget an på, hvad det er, du vælger – en lille forret og en endnu mindre dessert slår nok ikke til!
– Her er spisekortet, se, om der er noget spændende, så studerer jeg vinkortet imens. Der er både moms og betjening med i prisen.
– Jeg synes ikke, der findes noget bedre end en ung Sauvignon og en halvgammel Rioja – men måske du hellere vil vælge maden først og vinen bagefter?

– Desværre ses det på os begge, at begge dele interesserer os lige meget. Men jeg vil gerne have kylling i flødesovs og citronfromage med masser af flødeskum og jordbær – du bryder dig ikke om dessert, men jeg venter, mens du får din evige laksepaté.
– Tak, og vi mødes igen ved kaffen, om jeg så må sige.
– Du må sige næsten hvad du vil – du betaler – men husk, at du skal køre, hvis du ved, hvad jeg mener.
– Farvel, vinglas nummer tre og min Drambuie. Vi ses, når det er min kære kones tur til at køre.

42 Verbs used in other ways

Just as in English, verbs can become adjectives in one of two ways. The past participle is often used as an adjective:

et renset gulv a cleaned floor
en nybygget gård a newly built farm
det malede ansigt the painted face
alle hvidkalkede huse all whitewashed houses

In English, the 'ing' form of the verb is often used as an adjective or adverb. Danish has an equivalent: simply add **nde** to the infinitive (or **ende** if the infinitive ends with a stressed vowel):

det blødende hjerte the bleeding heart
Hun er en kommende stjerne. She is a rising (coming) star.
den eksisterende regel the existing rule
på mine skrivende dage on my writing days
Er det en hårdtarbejdende assistent? Is that a hard-working assistant?
det flammende bål the flaming bonfire
det rejsende publikum the travelling public
den voksende utilfredshed the growing dissatisfaction
Han kom løbende over græsplænen. He came running across the lawn.

But the **ende** ending is not as common as 'ing' in sentences like the last one. Look at these two:

Hunden ligger ved ilden og slikker sin pote. The dog lies by the fire, licking its paw.
Hun gik rundt og spredte rygter. She went round spreading rumours.

Adjectives formed from verbs can also act as nouns, in which case they take the separate definite article **den, det, de** rather than the definite ending:

De rejsende standsede. The travellers stopped.
De besøgende gik meget stille. The visitors walked very quietly.
Rejsendes bagage skal afleveres. Travellers' luggage must be handed over.
Besøgendes indgang er til højre. The visitors' entrance is to the right.

The infinitive **at . . .** is sometimes used as a noun, where in English the 'ing' ending is common:

Små piger elsker at hoppe. Little girls love hopping.
Drengene er ude at lege. The boys are out playing.
Hr. Madsen nyder at arbejde i haven. Mr Madsen enjoys working in the garden.
At ryge er farligt for helbredet. Smoking is dangerous to (the) health.
Jeg glæder mig til at se dig. I'm looking forward to seeing you.
Efter at have talt med min kone, . . . After having talked to my wife . . .

Vocabulary

at restaurere	to restore
at kalke	to whitewash
kostald (-en, -e)	cowshed
at skinne	to shine
centrum (centret, centrer)	centre
at male	to paint
rude (-n, -r)	pane (of glass)
bly (-et)	lead
at indfatte	to frame
at lyse (-te, -t)	to shine
syn (-et, -)	sight

Exercise 35

In the following passage, replace the infinitives (in italics) with the appropriate form of the verb as adjective. In some cases you will need to make compounds. Remember to put the correct endings on all the adjectives.

På min gamle, men *restaurere* (1) gård er den *kalke* (2) kostald et *skinne* (3) hvidt centrum. Døren er rød*male* (4), ruderne bly*indfatte* (5), og om aftenen er de *lyse* (6) vinduer et dejligt syn.

43 When you write Danish

While correct punctuation matters little unless you wish to use your Danish professionally, it may be helpful in both writing and reading if you learn about a few differences from English.

Punctuation is much more strictly governed by grammatical rules than in English, and the comma in particular is used much more, often to mark separate clauses, which can be helpful.

Vi indbød dem, men de sagde nej tak. We invited them but they said no, thank you.
De er dygtige, selvom de ikke kan stave. They are clever, although they cannot spell.

In figures, remember that the use of full stop and comma is the reverse of English practice. 10,234.56 in Danish is **10.234,56**.

The date is written like this: **den 8. maj, den 25. december, 8.** being a short form for **ottende.**

There is no equivalent to the traditional English letter opening: 'Dear Sir(s)'. Writing to a firm, you go straight into the text unless you know somebody by their title and name. Only recently have Danes begun to address someone they don't know with **Kære** 'Dear', and if you are writing to an unknown 'Director Bent Sørensen', you may start with **Hr. direktør Sørensen**. You will sometimes see either form followed by an exclamation mark.

In any case, you end with **Med venlig hilsen** 'kind regards' or, if you want to be extremely formal, **Med højagtelse** 'with high esteem'. In informal letters, you may find phrases like **Mange venlige hils(e)ner, Deres/din hengivne . . ., hengiven** meaning 'devoted'. Friends write phrases such as **Kærlig hilsen,** 'loving greetings'.

On the envelope, you use full title or profession – however 'humble' – and the number of the house follows the name of the street.

'Mr' is **herr** (now in writing normally kept brief: **hr.**) 'Mrs' is **fru** and 'Miss' is **frøken,** abbreviated as **frk.** 'Ms' is **fr** which no one attempts to pronounce!

Vocabulary

at acceptere	to accept
at lede (-te, -t) efter	to look for
lejlighed (-en, -er)	flat
at leje	to rent
hjælp (-en)	help
at takke	to thank
varmt	warmly
at lære (-te, -t) at kende	to get to know

Exercise 36

Translate the following letter into Danish. We have given you a few hints in brackets. Leave out words in square brackets []. Good luck!

Dear Mr Ramsing,
Many thanks for your letter with [the] offer of (**om**) a job in your firm in Copenhagen. After having talked to my wife, I am pleased (it pleases me) to accept and to let you know that I can in fact begin [on] 15 June.
In (**om**) two weeks, from 7 April, I am taking a week's holiday and I would like to fly to Denmark with my wife so that we can begin to look for a flat or a house we can rent – will it be possible for

someone in the firm to give us a little help? If it is, I will write a letter to him or her and describe what we are thinking of (**på**) and would prefer.
I thank you again warmly for your offer and look forward very much to getting to know you, your firm and your country.
With kind regards from my wife and myself,

44 Word building – prefixes and suffixes

The most widespread Danish prefix for the negative form of adjectives is **u** (**ulykkelig**), even more frequently used than the English 'un' ('unhappy'): **ufarlig, usmuk, usnobbet . . .** ('not dangerous', 'not pretty', 'not snobbish').

uselskabelig unsociable
ulydig disobedient
utilfredsstillende unsatisfactory
ulækker 'unappetizing' but figuratively 'repulsive'

The English 'non-' prefix in Danish is **ikke-**.

De ulærte er som regel ikke-læsere. The uneducated as a rule are non-readers.

But you will also see the prefix **mis**:

mislykket unsuccessful
misforstået misunderstood
miskredit discredit
mistillid distrust
misinformere misinform (taken from English)

While 'anti' is the same in Danish, the prefix **mod** (against) mostly covers 'counter':

modoffensiv counteroffensive
modarbejde counteract
modforslag counterproposal

Over and **under** are common prefixes, just as in English:

overtræt over-tired
overanstrengt overworked
overbærende indulgent
overmalet painted over
overløber defector (runner-over)
underbetalt underpaid
underernæret undernourished

The English 'ly' ending has a close relative in the Danish **lig.** It is found in indications of time where the ending is added to a noun:

daglig daily
ugentlig weekly
månedlig monthly
årlig yearly

en daglig pligt a daily duty
et årligt marathonløb an annual marathon
min daglige rutine my daily routine

The same suffix, added to the end of a colour, is like 'ish' in English.

rødlig reddish
blålig blueish

The idea of trying to give people the same title whether they are female or male is perhaps less advanced in Denmark than in English-speaking countries. In Danish, **inde** or **ske** added to the end of a position or job description indicates that it is held by a woman, like 'ess' in English:

skuespiller actor
skuespillerinde actress
sygeplejer male nurse
sygeplejerske nurse
lærer teacher
lærerinde schoolmistress
ven male friend, boyfriend
veninde female friend, girlfriend
vært host
værtinde hostess

Vocabulary

kontinent (-et, -er)	continent
højrekørsel (-en)	driving on the right
fører (-en, -e)	driver
rat (-tet, -)	steering wheel
færdselsregel (-en, -regler)	traffic regulation
påvirket	influenced
heraf	by this
at ligne	to resemble
britisk	British
skilt (-et, -e)	sign
europæisk	European
standard (-en, -er)	standard
køretøj (-et, -er)	vehicle

rundkørsel (-en, -er)	roundabout
overalt	everywhere
at lægge mærke til	to notice, observe
fartgrænse (-n, -r)	speed limit
spirituskørsel	drinking and driving
at straffe	to punish
streng	strict, severe
uhyre	hugely
selskab (-et, -er)	party
alkoholisk	alcoholic
hundredtusinder	hundreds of thousands
at cykle	to cycle
sti (-en, -er)	path
at skille (-te, -t)	to separate
kørebane (-n, -r)	carriageway, roadway
udbredt	widespread, common
vigtig	important
bilist (-en, -er)	motorist
at respektere	to respect
gadekryds (-et, -)	crossroads
trafiklys (-et, -)	traffic lights
fodgænger (-en,-e)	pedestrian
lastbil (-en, -er)	lorry
varebil (-en, -er)	(goods) van
o.s.v. (og så videre)	etc. (and so on)
respekt (-en)	respect
fodgængerovergang (-en, -e)	pedestrian crossing

READING

I trafikken

I Danmark som på resten af kontinentet har man højrekørsel, så føreren og rattet i en bil sidder i venstre side. Færdselsreglerne er selvfølgelig påvirket heraf, men ligner ellers meget de britiske, og skiltene følger europæisk standard i begge lande. Husk, at køretøjer og cykler, der er i en rundkørsel, kommer fra venstre.

Man bruger kilometer som overalt på kontinentet, og det skal man lægge mærke til, når man lærer fartgrænserne, der er noget lavere end de britiske. Spirituskørsel straffes meget strengt, og det er uhyre almindeligt ved selskaber, at kun den ene af et par drikker noget alkoholisk.

Hundredtusinder af danskere cykler, og cyklestier – helt skilt fra kørebanen – er stærkt udbredt, og det er vigtigt for bilister at respektere dem.

I gadekryds med trafiklys går fodgængere aldrig over for rødt lys, med mindre de er udlændinge – og desværre viser hverken privatbiler, taxaer, lastbiler, varebiler, busser o.s.v. stor respekt for fodgængerovergange.

TRANSLATION

In Denmark, as on the rest of the Continent, one drives on the right (there is driving on the right), so the driver and the steering wheel in the car are (sit) on the left side. The traffic regulations are of course influenced by this, but otherwise much resemble the British (ones), and the signs follow European standard(s) in both countries. Remember that vehicles and bicycles which are on a roundabout come from (the) left.

Kilometres are used, as everywhere on the Continent, and you must notice this when you learn the speed limits, which are somewhat lower than the British (ones). Drinking and driving is severely punished and it is hugely common at parties that only one of a couple drinks anything alcoholic.

Hundreds of thousands of Danes cycle, and cycle paths – completely separated from the roadway – are very widespread and it is important for motorists to respect them.

At crossroads with traffic lights pedestrians never cross against the red light unless they are foreigners – and unfortunately, (neither) private cars, taxis, lorries, vans, buses and so on (don't) show great respect for pedestrian crossings.

Storm P.

Storm P. elskede at bruge småforbrydere og vagabonder i sine historier, og de sidste blev normalt udstyret med gamle græske navne som Arkimedes og Sokrates. Hvis alle danskere blev bedt om at fortælle deres to yndlingsvittigheder, ville langt de fleste sikkert bruge to af hans, men den ene ville dog være om en laps, der dovent og uinteresseret – bare for at sige noget – spørger en anden:
– Hvad mener du om verdenssituationen?
– Det ved jeg ikke, jeg har en flue i øjet.

Den anden Flue vender tilbage til vagabonder:
– Er du lykkelig, Herodot?
– Ikke helt – jeg mangler syv øre!

Storm P. loved to use petty criminals and tramps in his stories and the latter were normally equipped with old Greek names such as Archimedes and Socrates. If all Danes were asked to tell their two favourite jokes, by far the most would probably use two of his, though one of them would be about a dandy who, lazily and uninterested – just to say something – asks another:
– What do you think of the world situation?
– I don't know, I've got a fly in my eye.

The other Fly goes back to tramps:
– Are you happy, Herodotus?
– Not completely – I'm seven øre short!

Key to exercises

LESSON 1

Exercise 1: 1 vinduet 2 gulvet 3 lampen 4 klubhuset 5 murstenen 6 fabrikken 7 knæet 8 bageren 9 bogen 10 ægget

Exercise 2: 1 dreng – drenge – drengene 2 top – toppe – toppene 3 hund – hunde – hundene 4 by – byer – byerne 5 familie – familier – familierne 6 skotte – skotter – skotterne 7 dansker – danskere – danskerne 8 ske – skeer – skeerne 9 soldat – soldater – soldaterne 10 tag – tage – tagene 11 æg – æg – æggene 12 pas – pas – passene 13 kys – kys – kyssene 14 tæppe – tæpper – tæpperne 15 hold – hold – holdene 16 forsøg – forsøg – forsøgene 17 ideal – idealer – idealerne 18 dyr – dyr – dyrene

LESSON 2

Exercise 3: 1 He talks a lot (much) but says only little. 2 Spring is coming soon. 3 I see the train coming. 4 The dog barks and bites. 5 They tell about the camels in the Zoological Garden. 6 The baker sells Danish pastries (Danish pastry). 7 We sing about a farmer and his animals. 8 I laugh a lot (much) when I see Victor Borge. 9 The hen lays two eggs – there they lie. 10 He falls and hits his knee (the knee).

Exercise 4: 1 mig, dig 2 os 3 mig 4 jer, mig 5 hinanden 6 hende 7 hinanden

Exercise 5: 1 Hans og Grete, vi elsker jer. 2 Hans og Grete elsker hinanden. 3 Jeg kalder dig en kujon. 4 De giver vinen til hende. 5 Jeg spørger dem, og de svarer mig. 6 De bringer os held. 7 De giver hinanden gaver. 8 Jeg forstår dig, ikke hende.

Exercise 6: 1 A Ja, jeg spiser altid morgenmad. B Nej, jeg spiser ikke altid morgenmad *or* Nej, jeg spiser aldrig morgenmad. 2 A Ja, SAS flyver mellem København og Alaska. B Nej, SAS flyver ikke mellem København og Alaska. 3 A Ja, politibetjenten taler engelsk. B Nej, politibetjenten taler ikke engelsk. 4 A Jo, skolen har ferie nu. B Nej, skolen har ikke ferie nu. 5 A Jo, jeg hedder Søren. B Nej, jeg hedder ikke Søren.

LESSON 3

Exercise 7: 1 korte 2 dejlige 3 rare 4 høje 5 tunge 6 farvede 7 grå 8 falske 9 tyske 10 tapre 11 bløde 12 gamle 13 slappe 14 violette 15 private 16 svangre 17 hullede

Exercise 8: 1 kort 2 dejligt 3 tungt 4 farvet 5 gråt 6 tysk 7 tappert 8 blødt 9 violet

Exercise 9: 1 The school is large but good. 2 The house has a green roof. 3 Søren Andersen is a fast runner. 4 The bed is soft, with a fine blanket. 5 MacPherson is a Scot but speaks fluent Danish. 6 There is a delightful little restaurant here. 7 Lars has a wonderful room. 8 They have high ideals. 9 It is a young, clever animal. 10 We have two football teams and there is the new clubhouse.

Exercise 10: 1 sav 2 kopier 3 tro 4 undersøg 5 stop 6 forny 7 hent 8 glo 9 flyt 10 fløjt

Exercise 11: 1 slagterens butik *or* slagterbutikken 2 det fremmede holds træner 3 kødets glæder 4 Øjnenes farve er blå. 5 Bogens sider er gule nu. 6 Hans' far er ejer af en gård *or* gårdejer. 7 Dér er forældrenes hjem. 8 resultatet af det stærke angreb 9 en rasende hunds høje gøen 10 Penges magt er stor.

LESSON 4

Exercise 12: 1 Why don't we (Shan't we) go to the cinema, or would you rather go to the theatre? 2 You ought to stop talking but you will never hear what I say. 3 You can if you want to (will), or if you dare. 4 Where are you sailing to on holiday? 5 I want to go home now, shall we say goodnight? 6 The Sørensen family ought to sell the far too big house. 7 Do you really have to go/leave already? 8 I would like to have the nuts, you are welcome to have (get) the chocolate. 9 They would rather die than give up. 10 I would rather play table tennis.

Exercise 13: 1 There is only a little (some) difference between them. 2 In a few days, all the pupils will be (are) here. 3 They can all see all the animals. 4 Not everyone knows (understands) how to call a halt, but some do. 5 Have you no money left? 6 Not all the tables are occupied, a few are free. 7 None of them know what the others on the team think. 8 We expect them any moment. 9 Nothing else on earth is so beautiful. 10 With the other method you have all the advantages.

Exercise 14: 1 These black bicycles (here) are cheap. 2 Those children have such a good mother. 3 There are such long queues at (by) those two theatres but not at (by) that one. 4 These blue eyes are innocent but how dangerous they are! 5 Such results I'll never achieve! 6 If you choose that career, you must go on that course.

LESSON 5

Exercise 15: 1 We have (a/our) twenty-fifth anniversary in April. 2 Mr Frederiksen, describe them one at a time. 3 He is putting (laying) the paper from the thirteenth of July in your letter box. 4 To you, it costs only 5,954 kroner. 5 This is the 61st time I've warned (I'm warning) you but you never listen to me.

Exercise 16: 1 Father has walked ten kilometres and now he has gone out again. 2 I asked him to ask (about) the way to the cinema. 3 They have brought good news. 4 The boss has received the money. 5 They put the bread on the tray when they had buttered it. 6 The firm traded in (with) potatoes until it went bankrupt. 7 I used to smoke 40 cigarettes a day but then I gave it up altogether – and put on 10 kilos in weight! 8 When you have sold one more house, you will (have) become top salesman.

Exercise 17: 1 Amerikaneren er sejlet til Australien – han har sejlet en masse. 2 Jeg fandt otteogtredive mus, da jeg kom tilbage. 3 Vi lagde kabel fra vejen til huset. 4 Peters venner (an)kom klokken 10, og de er allerede gået. 5 De gav holdet en fair kamp – og tabte. 6 Byen har fået en uærlig ny borgmester. 7 Mor lavede en pakke mellemmadder til os og vi har allerede spist dem alle/allesammen. 8 Tyve har taget alt sølvtøjet.

LESSON 6

Exercise 18: *Correct sequence* 4, 2, 1, 8, 7, 11, 9, 12, 13, 5, 3, 10, 6, 14, 15.

Translation: At the railway station

Old lady:	I would like a single ticket to Roskilde. How much does it cost, and when does the next train go?
Ticket seller:	It costs eighteen kroner. And the next train departs at 14.25 from platform 4.
Lady:	But I am a pensioner and am entitled to (a) discount. Do I save anything if I buy a return ticket instead of two single tickets?
Ticket seller:	Yes, but then you should do something quite different and buy a punchcard. That is valid for several journeys. You save a lot (in) that way.
Lady:	Yes, I would like that punchcard. Tell me, how long does the journey to Roskilde take?
Ticket seller:	You arrive at 14.53.
Lady:	That means seven minutes to three, doesn't it?

Exercise 19: 1 We should have followed them through thick and thin. 2 One thing is what we ought to do, quite another is what we can do. 3 Could you sense that he would be able to manage it? 4 I had to smile when I saw the policeman. 5 I could count the pupil's good marks on one finger! 6 You used to like desserts – did you not like this one? 7 I would have been able to hear the birds sing if I had dared ask Maggie to keep her mouth shut. 8 Ought the Danes not to be rather less critical? 9 Yes, and if they could, they should also be less nationalistic and self-satisfied! 10 Yes, but who could have better reason to be (it)?

Exercise 20: 1 Jeg har skrevet et langt brev til Holger og Lise. 2 Banken ligger over for posthuset. 3 Må jeg besøge jer/dig/Dem før jul? 4 To af dem er gået. 5 Efter min mening er tanten en charmerende kvinde. 6 Fortæl mig om rejsen. 7 Børnene gik op ad bakken. 8 Uden penge kan du ikke købe mad. 9 Går toget til Roskilde fra denne perron? 10 På lørdag tager jeg til Herning.

LESSON 7

Exercise 21: *The correct possessives:* 1 sin 2 hans 3 din 4 deres 5 vores, din 6 dine 7 deres 8 sine 9 sine 10 sin

Exercise 22: 1 Han er den dygtigste, men også den mest beskedne mand i byen. 2 Det bøgetræ er gammelt, men det andet er endnu ældre. 3 Danmark er et af de allermindste lande – men Grønland er verdens største ø. 4 De er de dejligste mennesker. 5 Det er bedst at adlyde, hvis den anden er stærkere end du er. 6 Der er færre dage i februar end i nogen anden måned. 7 Flere (mennesker) går klædt i mere moderne tøj nu. 8 Kan du ikke være lidt mere smidig – og langt mere tolerant? 9 Danskere kan lide de fleste udlændinge. 10 Det mest charmerende og lykkelige par er også de allerrigeste af alle deltagerne.

LESSON 8

Exercise 23: 1 De skulle passe sig selv. 2 Du må ikke bekymre dig om mig, bare fordi jeg har skåret mig. 3 Han keder sig, men hun skynder sig ikke at blive færdig. 4 Patienten kommer sig nu efter ulykken. 5 Selv nu om dage gifter folk sig! 6 Julen er virkelig noget at glæde sig til. 7 Jeg klæder mig på, mens jeg lytter til nyhederne i radioen. 8 Du behøver ikke at rejse dig, når jeg kommer ind. 9 De skaber sig bare – i deres alder skulle de have lært at opføre sig ordentligt. 10 Den dovne læge skulle skamme sig.

Exercise 24: 1 Regardless of how /However long Ole practises, he often mishits (hits wrongly). 2 It is far from being completely finished and yet it is already beautiful. 3 The song immediately reminded me of you and even more about war. 4 They only want their right(s) – otherwise they (will) go on strike. 5 She nearly always rings him when she is alone. 6 He is certainly not completely ordinary! 7 Better late than never! 8 Sometimes we go to the cinema, but we go to the theatre more often. 9 Of course they worked for a long time but then they could (work) no longer. 10 It is unfortunately too old, and not too strong either.

Exercise 25: 1) så 2) så 3) mens 4) (i)mens 5) og/så 6) men 7) før 8) og 9) siden 10) såfremt/hvis 11) men 12) når 13) og/så 14) men 15) (i)mens

Translation:
As you know – or ought to know – Denmark is famous as the country of fairy-tales, *so* we must include this story (have this story with):
The princess had a headache, *so* she went for a walk in the palace garden *while* the sun was going down. Finally she stopped by the lake and stood there dreaming (and dreamt) *while* she turned her costly ring. Suddenly, she lost the ring *and* it fell into the water. It was a shock *but* already *before* her tears began to flow, she saw a large toad *and* it had her ring in its mouth.
"Oh, thank you, dear toad, I have not been so happy *since* my father gave me the ring."
"Yes, but you'll get it only (first) *if* I can sleep in your bed tonight."
"Ugh, how repulsive," thought the princess and at first she protested *but* finally she gave way, picked up the toad and carried it to her bedroom. "*When* I wake up tomorrow, I'll get the ring *and/so* my father won't discover how clumsy I have been."
But next morning, something fantastic had happened: *while* she slept, the toad had turned into a handsome young man!
Dear reader, do YOU believe in fairy-tales?
No, you don't, do you? Nor did her father, the king!

LESSON 9

Exercise 26: 1 Giv nøglen til den amerikaner, der/som bad om den. 2 Australieren, der/som gjorde jobbet, gjorde det selv. 3 Vi skulle efterligne den metode, (som) de bruger. 4 Den sten, som/der ruller, samler ikke mos. 5 Jeg kender en lærerinde, der/som er en dejlig dame. 6 Det var den abe, der/som havde et blindt øje, der/som løb væk. 7 Jeg hader, det/hvad de spiller. 8 Den champagne, (som) de har valgt, er alt for dyr. 9 Vask nu de skjorter, (som) jeg gav dig for to uger siden! 10 Han tabte sine penge, som han havde arbejdet så hårdt for.

Exercise 27: 1 The trousers I washed yesterday are already dirty. 2 When they're working there are never any problems. 3 It won't be the two of us if you are not rich. 4 The man you sold the car to just wants to have a receipt. 5 Even though you cannot spell correctly, you ought to write often. 6 Who followed after Frederik the Ninth, I don't know. 7 (Just) because you are number one you mustn't think that you are a superman. 8 Please show me where the hospital is (lies) – if you have time.

Exercise 28: Hans Christian Andersen tells of the prince who could not find a *true* princess to marry. One late evening, a girl knocked on the door of the palace. When the old king opened (the door), she said that she was a princess and had got lost. The king asked her in.

In order to investigate whether she really was a genuine princess, the old queen laid a pea on the bottom of the girl's bed and put twenty mattresses on top and on top of those again, twenty eiderdown quilts.

In the morning, they asked how the girl had slept. Quite terribly, she replied, for she had been lying on something which was so hard that she was black (brown) and blue over her (the) whole body. So it was quite clear that here was a *true* princess and the prince took her for his wife, while the pea went into a museum.

The present-day Danish author and priest, Johannes Møllehave, writes that he told the story to a third-year (third) class and gave them (it) the task of retelling it. One 9-year-old boy finished his very short version with: . . . and when the princess woke up in the morning, she was green and yellow and blue all over. See, *that* was a *true* prince!

LESSON 10

Exercise 29: 1 Drive the car out of the garage, but remember that it has to be driven carefully. 2 He is being talked about as if he were a criminal. 3 The floor had never been washed, only swept. 4 One doesn't always know how it is best done. 5 When it has got dark, the candles on the Christmas tree are lit. 6 My name is spelt with 'ph' but you always spell it with (an) 'f'. 7 It is hoped that the presentation can be done easily and quickly. 8 Not all the wine was drunk.

Exercise 30:
Inge Hoff: Welcome to Esbjerg and Denmark, was it a good crossing?
Ted Young: The ship is the best passenger ferry I have been on and we enjoyed the Hungarian dance band.

Inge: Yes, and the food was good but perhaps a little expensive, wasn't it?
Ted: No, I don't really think so, but we drank a lot of the duty-free wine in order to save! By the way, at breakfast we shared a table with a high-school teacher from Funen who knows you and your husband. His name was Frank Henriksen.
Inge: Yes, I was once engaged to him. But he is a fanatical open-air person and sports-mad – and deadly boring. Come, follow me to my shopping car, which has breathing problems.

LESSON 11

Exercise 31:
– Now you have worked at learning Danish for two and a half months, how is it going?
– It's going quite well, I have done three quarters of the lessons and I can remember at least twenty-three words! No, I am making quite good progress (progresses), but I should read more and practise more. I just don't have enough time.
– Haven't you got an audiotape that you can use in the car?
– Yes, but I don't drive often any more, I'm sitting at home writing all the time. So it's not so bad when I still spend (use) about three quarters of an hour a day on my Danish.
– Oh yes, you are writing about your research. Haven't you finished your report yet?
– No, I cannot really come to a conclusion. But it will probably happen soon. And then there will be a celebration, and of course I'm inviting you as well!
– Thank you, and then you'll make a speech in Danish, won't you?
– You say that, because you know that then it will be short at any rate!

Exercise 32: Two Storm P. men are talking to each other through a high fence:
– I don't suppose you can let me out?
– Yes, if you can let me in.

But if the man who is shut in had answered no, the other man would be shut out.

Philosophical man:
– When one says 'look in (inside) when you're passing by', one lacks logic.

Exercise 33: 1 Er din ven lige så rig som han er grim? 2 Nej, han er heller ikke så uhøflig, som du er. 3 Jo mere jeg ser på hende, des mere elsker jeg min frihed. 4 Den familie er hverken religiøs eller interesseret i politik. 5 Både Romeo og Juliet arbejder i teaterfaget. 6 Jeg hverken læser eller øver mig så meget i dansk, som jeg havde ønsket.

LESSON 12

Exercise 34:
– Can we agree to eat two courses only? Or do you think that is too little?
– We won't come to blows over that – or even quarrel about it. But it depends somewhat on what it is you choose. A small starter and an even smaller dessert probably won't be enough!
– Here is the menu, see if there is something exciting, then I'll meanwhile study the winelist. Both VAT and service are included in the price.
– I don't think there is anything better (to be found) than a young Sauvignon and an oldish Rioja – but perhaps you'd rather choose the food first and the wine afterwards?
– Unfortunately, it can be seen on both of us that both parts interest us equally. But I'd like to have chicken in cream sauce and lemon mousse with lots of whipped cream and strawberries – you don't care for dessert but I'll wait while you get your eternal salmon paté.
– Thanks, and we meet again over the coffee, if I may put it like that.
– You may say almost what you like – you're paying – but remember that you have to drive, if you know what I mean.
– Goodbye, glass of wine number three and my Drambuie. We'll meet when it's the turn of my dear wife to drive.

Exercise 35: 1 restaurerede 2 kalkede 3 skinnende 4 rødmalet 5 blyindfattede 6 lysende
Translation: On my old, but restored, farm the whitewashed cowshed is a shining white centre. The door is painted red, the

window panes (are) leaded, and in the evening the shining windows are a beautiful sight.

Exercise 36:
Kære hr. Ramsing,
Mange tak for Deres brev med tilbud om et job i Deres firma i København. Efter at have talt med min kone, gæder det mig at acceptere, og at lade Dem vide, at jeg faktisk kan begynde den 15. juni.
Om to uger, fra den 7. april, tager jeg en uges ferie, og jeg vil gerne flyve til Danmark med min kone, så vi kan begynde at lede efter en lejlighed eller et hus, vi kan leje – vil det være muligt for nogen i firmaet at give os lidt hjælp? Hvis det er, vil jeg skrive et brev til ham eller hende og beskrive, hvad vi tænker på og ville foretrække.
Jeg takker Dem igen varmt for Deres tilbud og glæder mig meget til at lære Dem, Deres firma og Deres land at kende.
Med venlige hilsener fra min kone og mig selv

Irregular verbs

Infinitive (**at**)	(to)	*Present*	*Past*	*Past participle*
bede	pray, ask	**beder**	**bad**	**bedt**
bide	bite	**bider**	**bed**	**bidt**
binde	tie	**binder**	**bandt**	**bundet**
blive	stay/become	**bliver**	**blev**	**blevet**
bringe	bring	**bringer**	**bragte**	**bragt**
bryde	break	**bryder**	**brød**	**brudt**
burde	ought	**bør**	**burde**	**burdet**
byde	offer	**byder**	**bød**	**budt**
bære	carry	**bærer**	**bar**	**båret**
drikke	drink	**drikker**	**drak**	**drukket**
dø	die	**dør**	**døde**	**(død)**
falde	fall	**falder**	**faldt**	**faldet**
fare	rush	**farer**	**for**	**faret**
finde	find	**finder**	**fandt**	**fundet**
flyde	flow	**flyder**	**flød**	**flydt**
flyve	fly	**flyver**	**fløj**	**fløjet**
forsvinde	disappear	**forsvinder**	**forsvandt**	**forsvundet**
fryse	be cold	**fryser**	**frøs**	**frosset**
følge	follow	**følger**	**fulgte**	**fulgt**
få	get, receive	**får**	**fik**	**fået**
give	give	**giver**	**gav**	**givet**
gribe	catch	**griber**	**greb**	**grebet**
gælde	be valid	**gælder**	**gjaldt**	**gjaldt/gældt**
gøre	do, make	**gør**	**gjorde**	**gjort**
gå	walk, leave	**går**	**gik**	**gået**
have	have	**har**	**havde**	**haft**
hedde	be called	**hedder**	**hed**	**heddet**
hjælpe	help	**hjælper**	**hjalp**	**hjulpet**
holde	hold, keep	**holder**	**holdt**	**holdt**
komme	come/put	**kommer**	**kom**	**kommet**
kunne	be able to	**kan**	**kunne**	**kunnet**
lade	let	**lader**	**lod**	**lad(e)t**
le	laugh	**ler**	**lo**	**let**
lide	suffer	**lider**	**led**	**lidt**
ligge	lie	**ligger**	**lå**	**ligget**
lyde	sound	**lyder**	**lød**	**lydt**
lyve	tell lies	**lyver**	**løj**	**løjet**
lægge	lay, put	**lægger**	**lagde**	**lagt**
løbe	run	**løber**	**løb**	**løbet**
måtte	may, must	**må**	**måtte**	**måttet**
nyde	enjoy	**nyder**	**nød**	**nydt**

Infinitive		*Present*	*Past*	*Past participle*
ride	ride	**rider**	**red**	**redet**
ryge	smoke	**ryger**	**røg**	**røget**
række	reach, hand	**rækker**	**rakte**	**rakt**
se	see, look	**ser**	**så**	**set**
sidde	sit	**sidder**	**sad**	**siddet**
sige	say	**siger**	**sagde**	**sagt**
skrige	scream	**skriger**	**skreg**	**skreget**
skrive	write	**skriver**	**skrev**	**skrevet**
skulle	should	**skal**	**skulle**	**skullet**
skære	cut	**skærer**	**skar**	**skåret**
skyde	shoot	**skyder**	**skød**	**skudt**
slå	beat, hit	**slår**	**slog**	**slået**
slide	work hard	**slider**	**sled**	**slidt**
smøre	oil, butter	**smører**	**smurte**	**smurt**
sove	sleep	**sover**	**sov**	**sovet**
springe	jump	**springer**	**sprang**	**sprunget**
spørge	ask	**spørger**	**spurgte**	**spurgt**
stå	stand	**står**	**stod**	**stået**
stjæle	steal	**stjæler**	**stjal**	**stjålet**
strække	stretch	**strækker**	**strakte**	**strakt**
synge	sing	**synger**	**sang**	**sunget**
sælge	sell	**sælger**	**solgte**	**solgt**
sætte	put, set	**sætter**	**satte**	**sat**
tage	take	**tager**	**tog**	**taget**
tie	be quiet	**tier**	**tav**	**tiet**
trække	pull	**trækker**	**trak**	**trukket**
turde	dare	**tør**	**turde**	**turdet**
tælle	count	**tæller**	**talte**	**talt**
vide	know	**ved**	**vidste**	**vidst**
ville	would	**vil**	**ville**	**villet**
vinde	win	**vinder**	**vandt**	**vundet**
vælge	choose	**vælger**	**valgte**	**valgt**
være	be	**er**	**var**	**været**
æde	eat (of animals)	**æder**	**åd**	**ædt**

Vocabulary

*Numbers are listed in Section 17. See Section 3 on information about gender and plural of nouns. See Section 18 on information about the past tense of verbs. (Remember that (**-te, -t**) is added to the stem of the verb, not the infinitive. * indicates that the pattern of that verb will be found in the list of irregular verbs. The past tense of compound verbs is formed according to their last element, so, for instance, for **adlyde** see **lyde**.*

abe (-n, -r) monkey
absolut absolutely
acceptere to accept
ad to, by, of, along
adfærd (-en) behaviour
adlyde* to obey
adresse (-n, -r) address
advare to warn
af of
afgå* to depart
aflevere to hand over
aften (-en, -er) evening
aftensmad (-en) dinner
agurk (-en, -er) gherkin, cucumber
al all
alder (-en, aldre) age **i deres alder** at their age
aldrig never
alene alone
alkohol (-en) alcohol
alkoholisk alcoholic
alle all
allé (-en, -er) alley
aller- the very . . .
allerede already
allerhelst most of all
allesammen all
alligevel all the same
almindelig ordinary, common
alt all
alt for far too
altid always
altsammen all (of it)
amerikaner (-en, -e) American
anden, andet, andre other, different, second
anekdote (-n, -r) anecdote
angreb (-et, -) attack
ankomme* to arrive
ansigt (-et, -er) face
appelsin (-en, -er) orange
appetit (-ten) appetite
april (en) April
arbejde to work
arbejde (-t, -r) work
arbejdsløs unemployed
arbejdsplads (-en, -er) place of work
artig well-behaved
assistent (-en, -er) assistant
at to, that
atten eighteen
august (en) August
Australien Australia
australier (-en, -e) Australian
avis (-en, -er) newspaper

bad (-et, -) bath
bag/bagved behind, after
bagage (-n) luggage
bager (-en, -e) baker
bakke (-n, -r) tray, hill
bank (-en, -er) bank
bankbestyrer (-en, -e) bank manager
banke to knock
barbere sig to shave
bare only, just, if only
bark (-en) bark
barn (-et, børn) child
barnebarn (-et, børnebørn) grandchild
barnevogn (-en, -e) pram

bede* to pray, ask
bededag, store fourth Friday after Easter
bedre better
bedst best
bedstefar (-en, -fædre) grandfather
bedstemor (-en, -mødre) grandmother
befri to free
begge both
begge to both
begge dele both
begynde (-te, -t) to begin
behandle to treat, handle
behandling (-en, -er) treatment, handling
beholdning (-en, -er) stock
behøve to need
bekymre sig to worry
ben (-et, -) leg, bone
benzinstation (-en, -er) petrol station
berette to report
berømt famous
beskadiget damaged
beskeden modest
beskrive* to describe
bestemt certainly
besøge (-te, -t) to visit
besøgende (en, -) visitor
betale (-te, -t) to pay
betale (-te, -t) sig to be worth it
bide* to bite
bil (-en, -er) car
bilist (-en, -er) motorist
billede (-t, -r) picture
billig cheap
bilværksted (-et, -er) (car) repair shop
biograf (-en, -er) cinema
bjerg (-et, -e) mountain
blad (-et, -e) leaf
blandt amongst
blind blind
blive* to become, remain **det bliver** that comes to
blomst (-en, -er) flower
blomsterbed (-et, -e) flower bed
blot only, just, if only
blyindfattet leaded (e.g. windows)
blæsende windy
blæst (-en) wind
blød soft
blødende bleeding
blødsøden sloppy
blå blue
blålig blueish
bo to live, reside
bog (-en, bøger) book
bokser (-en, -e) boxer
bonde (-n, bønder) farmer
bord (-et, -e) table
bordtennis table tennis
bor (-et, -) drill
borgmester (-en, -tre) mayor
bort/borte away
brand (-en, -e) fire
bred wide
brev (-et, -e) letter
brevkasse (-n, -r) letterbox
bringe* to bring
britisk British
bro (-en, -er) bridge
broder, bror (-en, brødre) brother
brug (-en) use **have brug for** to need
bruge (-te, -t) to use
brugtvognsforhandler (-en, -e) used car dealer
brun brown
bryde* sig om to care for, like
bryllupsdag (-en, -e) wedding day/anniversary
brække to break
brød (-et, -) (loaf of) bread
bukser trousers
bund (-en, -e) bottom
burde* ought to
bus (-sen, -ser) bus
busk (-en, -e) bush
butik (-ken, -ker) shop
buttet plump
by (-en, -er) town
bygge to build
bænk (-en, -e) bench
bære* to carry
bøgetræ (-et, -er) beech tree
bør ought to

børn children
børnehave (-n, -r) nursery school
både . . . og both . . . and
bål (-et, -) bonfire

ca. (cirka) approximately
campingvogn (-en, -e) caravan
canadier (-en, -e) Canadian
centrum (centret, centrer) centre
champagne (-n) champagne
charmerende charming
chef (-en, -er) boss
chokolade (-n, -r) chocolate
cigar (-en, -er) cigar
cigaret (-ten, -ter) cigarette
citronfromage (-n) lemon mousse
cykel (-en, cykler) bicycle

da when, since; then
dag (-en, -e) day
daglig daily
dam (-men, -me) pond
dame (-n, -r) lady
Danmark Denmark
danse to dance
danseorkester (-et, -orkestre) dance band
dansk Danish
dansker (-en, -e) Dane
datter (-en, døtre) daughter
dav, davs hello
de they, the, those
De you *pol. sing and plur.*
december (en) December
dejlig lovely
del (-en, -e) part
dele (-te, -t) to share
deltager (-en, -e) participant
dem them, those
Dem you *pol sing and plur*, yourself, yourselves
demokratisk democratic
den it, the, that
den her this
dengang when
denne this
dens/dets its
der who, which
der, dér there
deres their(s)
Deres your(s) *(pol.)*
derfor therefore
derfra from there
derhen(ne) over there
derned(e) down there
derop(pe) up there
derover over (to) there
derovre over there
dertil to there
des . . . des the . . . the . . .
dessert (-en, -er) dessert
desuden besides, furthermore
desværre unfortunately
det it, the, that
det her this
dets its
dette this
dialekt (-en, -er) dialect
dig you, yourself *fam sing*
din, dit, dine your(s) *fam sing*
disse these
dobbelt double
dog yet, however
doven lazy
dreje to turn
dreng (-en, -e) boy
drikke* to drink
drivhus (-et, -e) greenhouse
dronning (-en, -er) queen
drøm (-men, -me) dream
drømme (-te, -t) to dream
du you *fam sing*
dum stupid
dusin (-et, -) dozen
dyne (-n, -r) quilt
dyr expensive
dyr (-et, -) animal
dyreforretning (-en, -er) pet shop
dyreven (-nen, -ner) animal-lover
dygtig able, clever
dø* to die
død dead
dødkedelig dead boring
døgn (-et, -) 24 hours
dør (-en, -e) door
dårlig bad
dåse (-n, -r) box, can

efter after

efterår (**-et, -**) autumn
eftermiddag (**-en, -e**) afternoon
efternavn (**-et, -e**) surname
efterse* to check
eftersom as
egen, eget, egne own
egetræ (**-et, -er**) oak tree
egn (**-en, -e**) area
egne sig til to be suited to
ejer (**-en, -e**) owner
eksistere to exist
ekspeditrice (**-n, -r**) saleswoman
elefant (**-en, -er**) elephant
elev (**-en, -er**) pupil
eller or
ellers otherwise
elske to love
elsket beloved
embedsmand (**-en, -mænd**) civil servant
emigrere to emigrate
en a/an, one
en/et til one more
end than
endelig finally
endnu even, still, yet
energi (**-en**) energy
enes to agree
engang once
engel (**englen, engle**) angel
engelsk English
englænder (**-en, -e**) Englishman
enhver, ethvert each, every, any
enkelt single
enkeltbillet (**-ten, -ter**) single ticket
ens one's, your
enten . . . eller either . . . or
er am, is, are
et a/an, one
Europa Europe
europæisk European
evig eternal
eventyr (**-et, -**) fairy tale, adventure
evne (**-n, -r**) ability

fabrik (**-ken, -ker**) factory
fabriksarbejder (**-en, -e**) factory worker
fader, far (**-en, fædre**) father
fag (**-et, -**) trade, subject
fair fair
faktisk actually
falde* to fall
fald: i hvert fald in any case
fallit: gå fallit to go bankrupt
falsk false
familie (**-n, -r**) family
fanatisk fanatical
fantastisk fantastic
fare* vild to get lost
farlig dangerous
fart (**-en**) speed, motion
fartgrænse (**-n, -r**) speed limit
farve (**-n, -r**) colour
farvel goodbye
farverig colourful
farvet coloured
far *see* **fader**
fattig poor
februar (**en**) February
feje to sweep
fejl (**-en, -**) mistake
fejre to celebrate
feminin feminine
femtedel (**-en, -e**) fifth
ferie (**-n, -r**) holiday
fest (**-en, -er**) celebration
film (**-en, -** *or* **-s**) film
filosofisk philosophical
fin fine
finde* to find **der findes** there are
finger (**-en, fingre**) finger
Firenze Florence
firma (**-et, -er**) firm
fiske to fish **være ude at fiske** to be out fishing
fjerdedel (**-en, -e**) fourth, quarter
fjernsyn (**-et**) television
fjor: i fjor last year
flag (**-et, -**) flag
flagstang (**-en, -stænger**) flagpole
flammende flaming
flaske (**-n, -r**) bottle
flere several, more
flest most **de fleste** most
flirte to flirt
flod (**-en, -er**) river
flodbred (**-den, -der**) river bank

flot smart, handsome
flue (**-n**, **-r**) fly
flyde* to flow
flydende fluent
flytte to move
flyve* to fly
flæskesteg (**-en**, **-e**) pork joint
fløde (**-n**) cream
flødesovs (**-en**) cream sauce
flødeskum (**-met**) whipped cream
fløjte to whistle
fod (**-en**, **fødder**) foot
fodbold (**-en**, **-e**) football
fodboldhold (**-et**, **-**) soccer team
fodboldstøvle (**-n**, **-r**) football boot
fodgænger (**-en**, **-e**) pedestrian
fodgængerovergang (**-en**, **-e**) pedestrian crossing
fodring (**-en**) feeding
folk (**-et**, **-**) people
for for, too, because
for at in order to, so that
for . . . siden . . . ago
foran before, in front of
forandre (**sig**) to change (oneself)
forbedre to improve
forbi past
forbryder (**-en**, **-e**) criminal
fordel (**-en**, **-e**) advantage
fordi because
forestille to introduce
forestille sig to imagine
foretrække* to prefer
forfatter (**-en**, **-e**) author
forfærdelig terrible
forinden before (then)
forkert wrong
forklare to explain
forkølelse (**-n**, **-r**) cold
forlovet engaged (to be married)
formiddag (**-en**, **-e**) morning (9-12)
formål (**-et**, **-**) purpose
fornavn (**-et**, **-e**) first name
forny to renew
forresten incidentally, by the way
forret (**-ten**, **-ter**) first course, starter
forretning (**-en**, **-er**) shop, business
forretningsmand (**-en**, **-mænd**) businessman
forrig: forrige uge the week before last
forsigtig careful
forskel (**-len**, **-le**) difference
forskellig different
forslag (**-et**, **-**) suggestion
forsommer (**-en**, **-somre**) early summer
forstand (**-en**) intelligence, mind
have forstand på to know about
forstå* to understand
forsvinde* to disappear
forsøg (**-et**, **-**) attempt
fortjene (**-te**, **-t**) to deserve
fortov (**-et**, **-e**) pavement
fortsætte* to continue
fortælle* to tell
forvandle (**sig**) **til** to turn into, change into
forældre parents
forår (**et**, **-**) spring
fotograf (**-en**, **-er**) photographer
fr. Ms
fra from
fransk French
franskmand (**-en**, **-mænd**) Frenchman
fred (**-en**) peace
fredag (**-en**, **-e**) Friday
frem, fremad forwards
fremme (further) ahead
fremmed foreign, strange
fremragende outstanding
fremskridt (**-et**, **-**) progress
fri free **have fri** to be off (work etc.)
frihed (**-en**, **-er**) freedom, liberty
friluftsmenneske (**-t**, **-r**) open-air person
frimærke (**-t**, **-r**) stamp
fristelse (**-n**, **-r**) temptation
frisør (**-en**, **-er**) hairdresser
frodig fertile
frokost (**-en**, **-er**) lunch
fru Mrs
frue Madam
fræk cheeky
frø (**-en**, **-er**) frog

frø (**-et, -**) seed
frøken (**-en, -er**) unmarried woman
frøken, frk. Miss
fugl (**-en, -e**) bird
fuld full, drunk
fængsel (**-et, fængsler**) prison
færdig finished **blive* færdig** (**med**) to finish
færdselsregel (**-en, -regler**) traffic regulations
færge (**-n, -r**) ferry
færre fewer
færrest fewest
fødselsdag (**-en, -e**) birthday
fødselsret (**-ten**) birthright
født: være født to have been born
følge* to follow
før before
fører (**-en, -e**) driver
først first
få* to get, receive
få few
får (**-et, -**) sheep

gade (**-n, -r**) street
gadekryds (**-et, -**) crossroads
gaffel (**-en, gafler**) fork
gal mad, wrong
gammel old
gammeldags old-fashioned
gang (**-en, -e**) time
ganske quite, rather
ganske vist admittedly
garage (**-n, -r**) garage
gardin (**-et, -er**) curtain
gave (**-n, -r**) gift
gavn (**-en**) use, benefit
general (**-en, -er**) general
genert shy
genfortælle* to retell
geni (**-et, -er**) genius
gennem through
gensyn: på gensyn see you again
gerne willingly
gerning (**-en, -er**) deed
gifte sig (**med**) to get married (to)
give* to give
give* efter to give way, acquiesce
glad happy
glas (**-set, -**) glass, jar
glat slippery
glemme (**-te, -t**) to forget
glimrende splendid
glo to stare
glæde (**-n, -r**) pleasure
glæde to please
glæde sig over to be pleased about
glæde sig til look forward to
glædelig jul Happy Christmas
god good
godaften good evening
goddag good day
godmorgen good morning
godnat goodnight
godt well, please
grammatikalsk grammatical
grammofonplade (**-n, -r**) gramophone record
gratis free
gratulere to congratulate
gravid pregnant
grim ugly
grin (**-et, -**) grin
grosserer (**-en, -e**) wholesaler
grov coarse
grund (**-en, -e**) reason
grundlovsdag Constitution Day (5 June)
græsk Greek
græsplæne (**-n, -r**) lawn
grøn green
Grønland Greenland
grønsag (**-en, -er**) vegetable
grå grey
gud (**-en, -er**) god
Gud God
gul yellow
guldbryllup (**-pet, -per**) golden wedding
gulerod (**-en, -rødder**) carrot
gulv (**-et, -e**) floor
gælde* to be valid
gæst (**-en, -er**) guest
gø to bark
gøen (**en**) barking
gøre* to do
gøre* for to help (it), do anything (about it)

gøre* opmærksom på to draw attention to
gå* to go, walk
gå* en tur to go for a walk
gå* fallit to go bankrupt
gård (-en, -e) farm
gås (-en, gæs) goose

hade to hate
hale (-n, -r) tail
halv half
halv to half past one
halvanden one and a half
halvbror (-en, -brødre) half-brother
halvdel (-en, -e) half
halvgammel elderly
halvsøster (-en, -søstre) half-sister
ham him
hamre to hammer
han he
handle to act, trade
handske (-n, -r) glove
hans his
hat (-ten, -te) hat
hav (-et, -e) sea
have* to have
have (-n, -r) garden
havfrue (-n, -r) mermaid
havn (-en, -e) harbour
hedde* to be called
hegn (-et, -) fence
helbred (-et) health
held (-et) luck
held og lykke good luck
heldig lucky
heldigvis fortunately
hel whole
hele tiden all the time **over det hele** all over
heller ikke nor, neither, not . . . either
hellere rather
helst preferably
helt completely, altogether
hen: hen ad along
hen til over to
hende her
hendes her(s)
hengiven devoted
henne: der henne over there
hente to fetch
her her
heraf by this
herfra from here
herhen (to) here
herind(e) in here
herlig splendid
herned(e) down here
herop(pe) up here
herover over (to) here
herovre over here
herre, hr. sir, Mr
herre (-n, -r) gentleman
hertil (to) here
herud(e) out here
hest (-en, -e) horse
hi hi
hilse (-te, -t) to greet
hilsen (-en, -er) greeting
himmel (-en, himle) sky, heaven
hinanden each other
historie (-n, -r) story
hjem (to) home
hjem (-met, -) home
hjemme at home
hjemmelavet home-made
hjemvende (-te, -t) to return home
hjerte (-t, -r) heart
hjælp (-en) help
hjælpe* to help
hjørne (-t, -r) corner
hold (-et, -) team
hold kæft! shut up!
holde* to keep
holde* bryllup med to marry
holde* ferie to spend a holiday
holde* mund to keep one's mouth shut
holde* op med to stop
holde* sig for sig selv to keep oneself to oneself
holde* tale to make a speech
holde* åbent to be open (shops, etc.)
hoppe to jump, hop
hos with, at the house of
hoste to cough

hovedpine (-n) headache
hr. *Mr*
hul (-let, -ler) hole
hullet holey, full of holes
hun she
hund (-en, -e) dog
hundeelsker (-en, -e) dog lover
hundemad (-en) dog food
hunderace (-n, -r) dog breed
hundredtusinder hundreds of thousands
hurtig fast
hurtigt quickly
hurtigtog (-et, -) express train
hus (-et, -e) house
huske to remember
hvad what
hvad for en/et/nogle which
hvem who
hver, hvert each, every
hverken . . . eller neither . . . nor
hvid white
hvidkalket whitewashed
hvilken/hvilket/hvilke which
hvis whose
hvis if
hvisken (-en) whisper
hvor where
hvor . . . how . . .
hvordan how
hvorfor why
hvorfra from where
hvorhen where to
hvornår when
hytte (-n, -r) hut
høj high, tall, loud
højagtelse (-n) esteem
højre right
højrekørsel (-en) right-hand driving
højskolelærer (-en, -e) high school teacher
høne (-n, -er) hen
høre (-te, -t) to hear
håbe to hope
hånd (-en, hænder) hand **give hånden på** to shake hands on
håndværker (-en, -e) craftsman
hård hard
i in, to, for
I you *fam plur*
i aften this evening
i aftes last night
i dag today
i eftermiddag this afternoon
i fjor last year
i forgårs the day before yesterday
i formiddag this morning
i går yesterday
i hvert fald in any case, at any rate
i lige måde the same to you
i morgen tomorrow
i morges this morning
i nat last night, tonight
i år this year
ialt in all
iblandt among
idé (-en, -er) idea
ideal (-et, -er) ideal
ifald in the case of
igen again
igennem through
ikke not
ikke- non-
ikke nogen no, not a, none, nobody
ikke noget no, not a, none, nothing
ikke længere no longer
ikke sandt? not true?
ild (-en) fire
imellem among, between
imens while, meanwhile
imod against, towards
ind(e) in, inside
indbyde* to invite
indbygger (-en, -e) inhabitant
inden before
indenfor inside
indfatte to frame
indgang (-en, -e) entrance
indkøb (-et, -) shopping
indrette to install
indtil until
influenza (-en) influenza
ingen no, not a, none, nobody
ingenting nothing

inspirerende inspiring
intelligens (-en) intelligence
interessere to interest
interesseret interested
intet no, not a, none, nothing
irer (-en, -e) Irishman
især especially
Italien Italy

ja yes
jaloux jealous
jamen well, yes but
januar (en) January
jeg I
jer you *fam plur*
jeres your(s) *fam plur*
jernbanestation (-en, -er) railway station
jo after all; yes (in answer to negative question)
jo . . . jo/des the . . . the
job (-bet, -) job
jord (-en) earth, land
jordbær (-ret, -) strawberry
journalist (-en, -er) journalist
jubilæum (-læet, -læer) jubilee
jul (-en) Christmas
juleaften Christmas Eve
juledag Christmas Day
julegave (-n, -r) Christmas present
juletræ (-et, -er) Christmas tree
juli (en) July
juni (en) June
jysk from/of Jutland

kabel (-et, kabler) cable
kafé (-en, -er) café
kaffe (-n) coffee
kage (-n, -r) cake
kalde (-te, -t) to call
kamel (-en, -er) camel
kamp (-en, -e) fight
kan can
kanariefugl (-en, -e) canary
karakter (-en, -er) character, marks
karamel (-len, -ler) caramel, toffee
kartoffel (-flen, kartoffler) potato
kasser (-en, -e) cashier, treasurer
kaste to throw
kat (-ten, -te) cat
ked af det sorry
kedelig boring
kende (-te, -t) to know
kigge indenfor to look in, drop in
kilo (-et, -) kilo
kilometer (-en, -) kilometre
kirke (-n, -r) church
kirsebær (-ret, -) cherry
klage to complain
klage (-n, -r) complaint
klar clear
klare to manage, succeed in
klarhed (-en) clarity
klasse (-n, -r) class, form
klatre to climb
klippe to cut
klippekort (-et, -) punchcard
klo (-en, kløer) claw
klodset clumsy
klog wise
klokken . . . (at) . . . o'clock **hvad/hvor mange er klokken?** what's the time?
klubhus (-et, -e) clubhouse
klud (-en, -er) rag, cloth
klæde (-te, -t) sig på to get dressed **gå* klædt i** to wear
knæ (-et, -) knee
klø to itch
kniv (-en, -e) knife
knust shattered
ko (-en, køer) cow
kok (-ken, -ke) cook
kold cold
komfortabel comfortable
komme* to come, put
komme* op at slås to come to blows
komme* op på to get up to
komme* over to get over
komme* sig to recover
komme* til at to happen to
kommende coming/future
koncert (-en, -er) concert
kone (-n, -r) woman, wife
konge (-n, -r) king
konklusion (-en, -er) conclusion

kontinent (**-et, -er**) continent
konto (**-en, -er**) account (bank etc.)
kontor (**-et, -er**) office
kop (**-pen, -per**) cup
kopiére to copy
kort (**-et, -**) card, map
kort short
kostald (**-en, -e**) cowshed
kostbar costly, precious
koste to cost
kraftig hefty, strongly built
kreditkort (**-et, -**) credit card
krig (**-en, -e**) war
Kristi himmelfartsdag Ascension Day
kro (**-en, -er**) inn
krokodille (**-n, -r**) crocodile
krokus (**-sen, -**) crocus
krone (**-n, -r**) crown, main unit of Danish currency
krop (**-pen, -pe**) body
krydse to cross
kujon (**-en, -er**) coward
kul (**-let, -**) coal
kun only
kunne* could, to be able to
kunne* lide to like
kunde (**-n, -r**) customer
kursus (**kurset, kurser**) course (educ.)
kvart (**-en, -er**) quarter (of an hour)
kvarter (**-et, -er**) quarter (of an hour)
kvinde (**-n, -r**) woman
kvittering (**-en, -er**) receipt
kylling (**-en, -er**) chicken
kyllingelår (**-et, -**) chicken leg
kys (**-et, -**) kiss
kysse to kiss
kæde (**-n, -r**) chain
kæreste (**-n, -r**) sweetheart
kærlig hilsen with love from
kø (**-en, -er**) queue
købe (**-te, -t**) to buy
København Copenhagen
kød (**-et**) flesh, meat
køkken (**-et, -er**) kitchen
køkkenhave (**-n, -r**) vegetable garden
køn pretty
køre (**-te, -t**) to drive
kørebane (**-n, -r**) carriageway, roadway
køretøj (**-et, -er**) vehicle
kørsel (**-en**) driving
kåbe (**-n, -r**) ladies' coat

lad gå all right
lad være med don't (as command)
lade* allow, let
lade (**-n, -r**) barn
lager (**-et, lagre**) store, warehouse
laks (**-en, -**) salmon
lampe (**-n, -r**) lamp
land (**-et, -e**) country
landbrugsskole (**-n, -r**) agricultural school
landmand (**-en, -mænd**) farmer
lang long
lang tid (for a) long (time)
langfredag Good Friday
langs (**med**) along, alongside
langsom slow
langt far
lappe to mend
laps (**-en, -e**) dandy
lastbil (**-en, -er**) lorry
lav low
lave to make, produce
lave mad to cook
le* to laugh
lede (**-te, -t**) **efter** to look for
leder (**-en, -e**) leader
lege to play
leje to rent, hire
lejer (**-en, -e**) lodger, tenant
lejlighed (**-en, -er**) occasion, opportunity; flat, apartment
lektion (**-en, -er**) lesson
let light, easy
leve to live
leverpostej (**-en, -er**) liver paté
lide* suffer
lidt little, a bit
lige just
lige meget equally
lige så . . . som just as . . . as
ligge* to lie
ligne to resemble
lille (**små**) small, little

lillebroder (-en, små brødre) little brother
liv (-et, -) life
livlig lively
logik (-ken) logic
lokomotivfører (-en, -e) train driver
lomme (-n, -r) pocket
lov (-en, -e) law
love to promise
luft (-en) air **fri luft** open air
lukke to shut
lukke ind/ud to let in/out
lukke inde/ude to shut in/out
lukke op to open
lund (-en, -e) grove
ly (-et) shelter
lydbånd (-et, -) audio tape
lydig obedient
lygte (-n, -r) lamp
lykke: til lykke (med) congratulations (on)
lykkelig happy
lykkes to succeed
lyne to flash with lightning
lys (-et, -) light, candle
lyseblå light blue
lyse (-te, -t) to glow, shine
lytte to listen
læge (-n, -r) doctor
lægge* to put, lay
lægge* mærke til to notice
længe long (time)
længere longer
længere frem(me) further on
længes (-tes) (efter) to long (for)
lækker delicious
lære (-te, -t) to learn, teach
lære . . . at kende to get to know . . .
lærer (-en, -e) teacher
lærerinde (-n, -r) female teacher
læse (-te, -t) to read
løbe* to run
løber (-en, -e) runner
løn (-nen) salary
lørdag (-en, -e) Saturday
løsning (-en, -er) solution
låne (-te, -t) to borrow, lend
mad (-en) food
madras (-sen, -ser) mattress
mager thin, lean
magt (-en, -er) power
maj (en) May
majdag May Day
male to paint
maler (-en, -e) painter
man one, you
mand (-en, mænd) man, husband
mandag (-en, -e) Monday
mange many
mangle to lack
marathonløb (et, -) marathon
mark (-en, -er) field
marts (en) March
med with
med mindre unless
meget much, very
mellem between, among
melon (-en, -er) melon
men but
mene (-te, -t) to think, be of the opinion
mening (-en, -er) opinion
menneske (-t, -r) human being
mens while
mere more
mest most
meter (-en, -) meter
metode (-n, -r) method
middagstid (-en) noon
midt i in the middle of
mig me, myself
min/mit/mine my, mine
minde (-t, -r) memory
minde om to remind of
mindre smaller, less
mindst smallest, least, at least
minut (-tet, -ter) minute
misforstå* to misunderstand
misinformere to misinform
miskredit discredit
mislykkes to fail
mislykket failed, unsuccessful
miste to lose
mistillid distrust
mistænkelig suspicious
misundelig envious

modbydelig repulsive
moden ripe
moder, mor (**-en, mødre**) mother
modforslag (**-et, -**) counterproposal
modoffensiv (**-en, -er**) counter-offensive
moms VAT
mon I wonder
mor *see* **moder**
morder (**-en, -e**) murderer
more sig to enjoy oneself
morgen (**-en, -er**) morning
morgenmad (**-en**) breakfast
morsom amusing
mos (**-set, -ser**) moss
motion (**-en**) (physical) exercise
muligvis possibly
mund (**-en, -e**) mouth
munter cheerful
murer (**-en, -e**) bricklayer, mason
mursten (**-en, -**) brick
mus (**-en, -**) mouse
museum (**museet, museer**) museum
musiker (**-en, -e**) musician
musikelsker (**-en, -e**) music-lover
mælk (**-en**) milk
mælke to milk
mænd men
mærke to notice, sense
mærkelig remarkable, strange
møbel (**-et, -bler**) (piece of) furniture
møde (**-t, -r**) meeting
møde (**-te, -t**) to meet
mødes to meet (together)
møg (**-et**) rubbish
mørk dark
mørke (**-t**) darkness
mørkegrå dark grey
må may, must
måltid (**-et, -er**) meal
måde (**-n, -r**) way, method, manner
måned (**-en, -er**) month
månedlig monthly
måske perhaps
måtte* might, to be allowed to, to have to

nabo (**-en, -er**) neighbour
nat (**-ten, nætter**) night
nationalistisk nationalistic
natmad (**-en**) midnight snack
naturligvis of course, naturally
navn (**-et, -e**) name
ned, nede down
nej no
nemlig in fact
nervøs nervous
nogen some, any, someone, anyone
noget some, any, something, anything, somewhat
nogle some **nogle få** a few
nok enough, probably
nord (**-en**) north
Nordspanien North Spain
normal normal
november (**en**) November
nu now
nummer (**-et, numre**) number
nutid (**-en**) present (day)
nutidig present-day
ny new
nybygget newly built
nyde* to enjoy, relish
nyhed (**-en, -er**) news
nytårsaften New Year's Eve
nytårsdag New Year's Day
nær(**ved**) near(by)
næse (**-n, -r**) nose
næst next
næsten almost
nød (**-den, -der**) nut
nødt til: være nødt til to have to
nødudgang (**-en, -e**) emergency exit
nødvendig necessary
nøgle (**-n, -r**) key
nøgle (**-t, -r**) ball of wool
når when

offentlig public
ofte often
og and
og så videre (**osv**) and so on
også also
oktober (**en**) October

oldefar (-en, -fædre) great-grandfather
oldemor (-en, -mødre) great-grandmother
oldtid (-en) antiquity
om about, whether, in, on
om dagen per day
omkring around, about
omtale (-te, -t) to talk about
ond evil
ondskabsfuld vicious
onkel (-en, onkler) uncle
onsdag (-en, -e) Wednesday
op, oppe up
opdage to discover
opføre (-te, -t) sig to behave
opgave (-n, -r) task, assignment
oplevelse (-n, -r) experience
opmærksom: gøre* opmærksom på to draw attention to
opnå to achieve
optaget occupied, engaged
orangefarvet orange (colour)
ord (-et, -) word
ordbog (-en, -bøger) dictionary
orden: i orden all right
ordentlig proper, ordered
ordsprog (-et, -) proverb
os us, ourselves
ost (-en, -e) cheese
oven på on top
over over, above, past
overalt everywhere
overanstrengt overworked
overbevist convinced
overbærende indulgent
overfart (-en, -er) crossing (sailing)
overfor opposite
overhovedet at all, altogether
overløber (-en, -e) defector
overmale to paint over
overnatte to stay overnight
overraskelse (-n, -r) surprise
overtræt overtired
ovre over

pakke (-n, -r) packet
par (-ret, -) pair
paraply (-en, -er) umbrella
pariserrejse (-n, -r) Paris trip
park (-en, -er) park
parkeringshus (-et, -e) multi-storey car park
pas (-set, -) passport
passagerfærge (-n, -r) ferry
passe ind i to fit into
passe på to mind, be careful (of)
passe sig selv to mind one's own business
patient (-en, -er) patient
pels (-en, -e) fur, fur coat
penge *plur* money
pensionist (-en, -er) pensioner
perron (-nen, -ner) platform
personale (-t, -r) cast, staff
pige (-n, -r) girl
pinse (-n) Whitsun
plads (-en, -er) space, room
pleje to nurse, take care of
pleje at to be in the habit of
pligt (-en, -er) duty
pludselig suddenly
plæne (-n, -r) lawn
politibetjent (-en, -e) policeman
politik (-ken) policy, politics
pony (-en, -er) pony
posthus (-et, -e) post office
pote (-n, -r) paw
potteplante (-n, -r) pot plant
pragtfuld splendid, wonderful
princip (-pet, -per) principle
prins (-en, -er) prince
prinsesse (-n, -r) princess
pris (-en, -er) price
privat private
problem (-et, -er) problem
program (-met, -mer) programme
protestere to protest
præsentation (-en, -er) presentation
præst (-en, -er) priest
prøve to try
publikum (-met) public
purpur purple
pæl (-en, -e) pole
pølse (-n, -r) sausage
på on
på dansk in Danish
på gensyn see you soon

påske (-n) Easter
påskedag, første og anden Easter Sunday and Monday
påvirke to influence

quiz (-zen/-zet, -zer) quiz

rabat (-ten, -ter) discount, rebate
radio (-en, -er) radio
ramme (-te, -t) to hit
rapport (-en, -er) report
rar kind **have det rart** to have a nice time
rasende furious
rat (-tet, -) steering wheel
redde to rescue
redningshelikopter (-en, -e) rescue helicopter
regel (-en, regler) rule **som regel** as a rule
regering (-en, -er) government
regn (-en) rain
regne to rain
regning (-en, -er) bill
regulere to regulate
rejse (-n, -r) journey
rejse (-te, -t) to travel, depart
rejse (-te, -t) sig to get up
rejsende (en, -) traveller
religiøs religious
ren clean
rense to clean
reparere to repair
respektere to respect
rest (-en, -er) remainder, rest
restaurant (-en, -er) restaurant
restaurere to restore
resultat (-et, -er) result
ret rather, somewhat
ret (-ten, -ter) dish, course
ret (-ten, -ter) right **have ret til** to be entitled to
rette to correct
returbillet (-ten, -ter) return ticket
ride* to ride
rigtig real, proper, correct, right
ring (-en, -e) ring
ringe til to ring up
rude (-n, -r) windowpane
rulle to roll
rum (-met, -) space, room
runde af to round off
rundkørsel (-slen, -sler) roundabout
rundt round
rutine (-n, -r) routine
rydde op to clear up
ryge* to smoke
rygte (-n, -r) rumour
række* to reach, to hand to
rød red
rødlig reddish
røg (-en) smoke
røget smoked
røver (-en, -e) robber
rå raw, rough
rådden rotten

sag (-en, -er) case, matter
salat (-en, -er) salad
salon (-en, -er) salon, lounge
salt (-et) salt
samle to gather
samle op to pick up
samling (-en, -er) collection
samme same **lige med det samme** straight away
sammenligne to compare
sammenligning (-en, -er) comparison
samt plus, and
samvittighedsfuld conscientious
sand true **ikke sandt?** isn't that right?
sang (-en, -e) song
sanger (-en, -e) singer
sans (-en, -er) for humor sense of humour
saxofon (-en, -er) saxophone
sauna (-en, -er) sauna
save to saw
savne to miss
se* to see, look
sejle to sail
seksdobbelt sixfold
sekund (-et, -er) second
selskab (-et, -er) party
selv self, even
selvfølgelig of course

selvglad self-satisfied
selvom although
sen late
sende (**-te, -t**) to send
seng (**-en, -e**) bed
sensommer (**-en**) late summer
september (**en**) September
ses (**sås**) to see each other
sidde* to sit
side (**-n, -r**) page, side
siden since
sidst last
sig himself, herself, itself, themselves
sige* to say
sige* stop to call a halt
sikke(n) . . .! what . . .!
sikker safe, sure
sikkerhed (**-en**) safety
sikkert probably, surely
sin, sit, sine his, her(s), its
sjov: have det sjovt to have fun
sjældent seldom
skabe (**-te, -t**) to create
skabe sig to be silly, show off
skade (**-n, -r**) hurt, damage
skal must, shall
skamme sig to be ashamed
skarp sharp
skat (**-ten, -te**) treasure, darling
skat (**-ten, -ter**) tax
skatteyder (**-en, -e**) tax-payer
ske (**-te, -t**) to happen
ske (**-en, -er**) spoon
skib (**-et, -e**) ship
skidt med det never mind
skilt (**-et, -e**) sign (post)
skilt separated
skinke (**-n, -r**) ham, gammon
skinne to shine
skjorte (**-n, -r**) shirt
sko (**-en, -**) shoe
skole (**-n, -r**) school
skoleskib (**-et, -e**) training ship
skomager (**-en, -e**) shoemaker
skotsk Scottish
skotte (**-n, -r**) Scot
skov (**-en, -e**) wood, forest
skrive* to write
skru (**-en, -er**) screw
skruet på screwed on
skubbe to push
skuespiller (**-en, -e**) actor
skuespillerinde (**-n, -r**) actress
skuffe to disappoint
skulle* should, to have to
skulle* lige til at to be just about to
skyld (**-en**) sake, fault
skylle to rinse
skynde (**-te, -t**) **sig** to hurry
skæbne (**-n, -r**) fate
skændes (**-tes**) to argue, quarrel
skære* (**sig**) to cut (oneself)
skærtorsdag Maundy Thursday
skønhed (**-en, -er**) beauty
skønt although
skål! cheers!
slags (**-en, -**) kind, sort
slagter (**-en, -e**) butcher
slank slim
slankekur (**-en, -e**) diet, slimming course
slet ikke not at all
slidt worn
slikke to lick
slot (**-tet, -te**) palace
sludder (**-et**) nonsense
slukke to turn off, extinguish
slutte to end, finish
slå* to hit, beat
slå* op to look up (in reference book)
slå* til to suffice
slås (**sloges**) to fight
smag (**-en, -e**) taste
smage (**-te, -t**) to taste
smal narrow
smerte (**-n, -r**) pain
smil (**-et, -**) smile
smile to smile
smuk beautiful
smør (**-et**) butter
smøre* to spread (butter etc.)
små *see* **lille**
småforbryder (**-en, -e**) petty criminal
snart soon **så snart** as soon as
snavset dirty
sne to snow

snebold (**-en, -e**) snowball
snes (**-en, -**) a score, twenty
snitte to carve
snu sly, cunning
socialforsorg (**-en**) social welfare
sofa (**-en, -er**) sofa
sol (**-en, -e**) sun
soldat (**-en, -er**) soldier
som who(m), which, that
som as **som om** as if
sommer (**-en, somre**) summer
sommerresidens (**-en, -er**) summer residence
sommetider sometimes
sorg (**-en, -er**) sorrow
sort black
sove* to sleep
soveværelse (**-t, -r**) bedroom
spare to save
specialitet (**-en, -er**) speciality
speciel special
spegepølse (**-n, -r**) salami
spille to play
spiller (**-en, -e**) player
spirituskørsel (**-en**) drinking and driving
spise (**-te, -t**) to eat
spisekort (**-et, -**) menu
sport (**-en**) sport
sportsgal sports-mad
sprede (**-te, -t**) to spread
springe* to jump
springvand (**-et, -**) fountain
sprog (**-et, -**) language
spurv (**-en, -e**) sparrow
spændende exciting
spørge* to ask, inquire
spørge* om vej to ask the way
spørgsmål (**-et, -**) question
stakkels poor, pitiable
stald (**-en, -e**) stable, (cow)shed
stamme to stammer
standard (**-en, -er**) standard
standse to stop
starte to start
stave to spell
stemme (**-n, -r**) voice
sten (**-en, -**) stone
stenhård rock-hard
sti (**-en, -er**) path
stille quietly
stilling (**-en, -er**) job, position
stjerne (**-n, -r**) star
stole på to trust
stol (**-en, -e**) chair
stolthed (**-en**) pride
stoppe to stuff, darn, stop
stor big, large
storebror (**-en, -brødre**) big brother
storme to blow a gale
straffe to punish
stram tight
straks immediately
strand (**-en, -e**) beach
strejke to go on strike
streng strict, severe
studere to study
studerende (**en, -**) student
stuehus (**-et, -e**) farmhouse
stærk strong
stød (**-et, -**) glottal stop, bump
støde (**-te, -t**) **på** to come across
støj (**-en**) noise
støjende noisy
støvle (**-n, -r**) boot
stå* to stand
sult (**-en**) hunger
suppe (**-n, -r**) soup
svanger pregnant
svar (**-et, -**) answer, reply
svare to answer, reply
svigerdatter (**-en, -døtre**) daughter-in-law
svigerfar (**-en, -fædre**) father-in-law
svigermor (**-en, -mødre**) mother-in-law
svigersøn (**-nen, -ner**) son-in-law
svømme to swim
sy to sew
syd (**-en**) south
syg ill, sick
sygeplejer (**-en, -e**) male nurse
sygeplejerske (**-n, -r**) (female) nurse
syn (**-et, -**) sight, vision
synes (**-tes, -tes**) to seem, to think (be of the opinion)
synge* to sing

sælge* to sell
særligt in particular, especially
sætte* to put, set
sød sweet
søge (**-te, -t**) to look for
sølvbryllup (**-pet, -per**) silver wedding
sølvtøj (**-et**) silverware
søm (**-met, -**) nail
søm (**-men, -me**) seam
sømand (**-en, -mænd**) sailor
søn (**-nen, -ner**) son
søndag (**-en, -e**) Sunday
søvnig sleepy
søster (**-en, søstre**) sister
så so, then
sådan such
såvel som as well as

tabe (**-te, -t**) to lose
tabe vægt to lose weight
tag (**-et, -e**) roof
tage* to take
tage* af to take off
tak (**-ken, -**) thanks
takke to thank
tale (**-te, -t**) to speak, talk
tale (**-n, -r**) speech
taler (**-en, -e**) speaker
tand (**-en, tænder**) tooth
tandlæge (**-n, -r**) dentist
tandpine (**-n**) toothache
tankefuld thoughtful
tante (**-n, -r**) aunt
tapper brave
taxa (**-en, -er**) taxi
taxachauffør (**-en, -er**) taxi driver
te (**-en**) tea
teater (**-et, teatre**) theatre
telefon (**-en, -er**) telephone
telefonbog (**-en, -bøger**) telephone book
Themsen the Thames
ti ten
tid (**-en, -er**) time
tidlig early
tie* stille to stop talking, be quiet
til to
til lykke congratulations
tilbage back, left (over)
tilbud (**-et, -**) offer
tilfreds satisfied
tilfælde (**-t, -**) case, coincidence **i tilfælde af** (**at**) in case (of)
tilfældighed (**-en, -er**) coincidence
tilfældigvis by chance
tilgive* to forgive
tilstå* to confess
tiltale (**-te, -t**) to charge
time (**-n, -r**) hour
ting (**-en, -**) thing
tirsdag (**-en, -e**) Tuesday
tit often
to two
tog (**-et, -**) train
toilet (**-tet, -ter**) toilet
toldfri duty-free
tolerant tolerant
tolv twelve
tomat (**-en, -er**) tomato
top (**-pen, -pe**) top
topsælger (**-en, -e**) top salesman
tordne to thunder
torsdag (**-en, -e**) Thursday
torv (**-et, -e**) square (place)
trafik (**-ken**) traffic
trafiklys (**-et, -**) traffic lights
trediedel (**-en, -e**) third
tredobbelt threefold
trekvart three quarters
trick (**-et, -** *or* **-s**) trick
trillebør (**-en, -e**) wheelbarrow
tro to believe
trone (**-n, -r**) throne
træ (**-et, -er**) tree
trække* sig tilbage to retire
trække* vejr to draw breath, breathe
træne to train
træner (**-en, -e**) trainer, coach
trænge (**-te, -t**) **til** to need
træning (**-en**) training
træt tired
trådte (*from* **træde**) trod, stepped
tudse (**-n, -r**) toad
tung heavy
tunge (**-n, -r**) tongue
tur (**-en, -e**) turn, trip
tusind (**et, -** *or* **-er**) thousand
tusind tak thank you very much

tvivl (**-en, -**) doubt
tygge to chew
tyggegummi (**-et**) chewing gum
tyk thick, fat **i tykt og tyndt** through thick and thin
tysk German
tyv (**-en, -e**) thief
tælle* to count
tænde (**-te, -t**) to light, turn on lights
tænke (**-te, -t**) to think
tæppe (**-t, -r**) carpet, blanket
tøj (**-et**) clothes
tør dares
tørstig thirsty
tå (**-en, tæer**) toe
tåre (**-n, -r**) tear

uanset regardless, no matter
ud(**e**) out
udbredt widespread
uden without
udendørsliv (**-et**) outdoor life
udenfor outside
udkant (**-en, -er**) outskirts
udleje to let out, hire out
udlænding (**-en, -er**) foreigner
udmattet exhausted
udsalg (**-et, -**) sales
udstyret equipped
udtale (**-n**) pronunciation
udtryk (**-ket, -**) expression
ufarlig safe, harmless
uforbederlig incorrigible
uge (**-n, -r**) week
ugentlig weekly
uha oh dear
uhyre huge(ly)
uhøflig rude
uhørlig inaudible
ukendt unknown
ulækker repulsive, unappetising
ulært uneducated
ulejlighed (**-en**) inconvenience
ulydig disobedient
ulykke (**-n, -r**) accident
umulig impossible
umådelig meget a great deal
under under, below, during
underbetalt underpaid
underernæret undernourished
underetage (**-n, -r**) lower floor
undersøge (**-te, -t**) to investigate
undersøgelse (**-n, -r**) investigation, research
undertiden occasionally
undre (**sig**) to wonder
undskyld sorry, excuse me
undskyldning (**-en, -er**) apology, excuse
undtagelse (**-n, -r**) exception
ung young
ungkarl (**-en, -e**) bachelor
universitet (**-et, -er**) university
universitetstudier university studies
ur (**-et, -e**) watch, clock
urmager (**-en, -e**) watchmaker
uselskabelig unsociable
uskyldig innocent
utilfredshed (**-en**) dissatisfaction
utilfredstillende unsatisfactory
uærlig dishonest

vagabond (**-en, -er**) tramp
vand (**-et, -e**) water
vande to water
vant til used/accustomed to
var was
varebil (**-en, -er**) goods van
varm warm
varme to warm
vaske to wash
ved by, at
vedkomme* to concern
vegne: ingen vegne nowhere
vej (**-en, -e**) road, way **noget i vejen** something wrong **sige* vejen** to tell (someone) the way
vejr (**-et**) weather
vel do you think so?, I hope?
velbekomme you're welcome
velhavende well-heeled
velholdt well-kept
velkommen welcome
ven (**-nen, -ner**) (boy)friend
vende (**-te, -t**) to turn **vende tilbage** to go back

veninde (-n, -r) (girl)friend
venlig friendly **venlig hilsen** best wishes, kind regards
venstre left
vente to wait, expect
verden (verden, -er) world
verdenssituation (-en, -er) world situation
version (-en, -er) version
vest (-en) west
vi we
vide* to know
vidunderlig wonderful
vigtig important
vil will, wants to
vil gerne would like to
vil hellere would rather
vil helst would most like to
vil sige means
vin (-en, -e) wine
vinde* to win **vinde* over** to defeat, beat
vindue (-t, -r) window
vinge (-n, -r) wing
vinkort (-et, -) wine list
vinter (-en, vintre) winter
violet violet, purple
virke to work, function
virkelig real, really
virkning (-en, -er) impact, effect
vise (-te, -t) to show
vist probably, I think
vissen faded, jaded
vittighed (-en, -er) joke
vokse to grow
vor, vort, vores our(s)
vægt (-en, -e) weight
væk away
vække to wake (someone)
vælge* to choose
vær venlig at please, be so good as to
værdi (-en, -er) value
være* to be
være* med to take part
være* til to exist
værelse (-t, -r) room
værre worse
værst worst
værsgo there you are

vært (-en, -er) host
værtinde (-n, -r) hostess
vågne to wake up

waliser (-en, -e) Welshman
wienerbrød (-et, -) Danish pastry

xylofon (-en, -er) xylophone

yndlingsvittighed (-en, -er) favourite joke
yngre younger, youngish
yngst youngest

zebra (-en, -er) zebra
zoologisk have zoo

æde* to eat (of animals)
ædel noble
æg (-get, -) egg
ægte genuine
ældre older, elderly
ældst eldest, oldest
ærlig honest
ærlighed (-en) honesty
ærligt talt frankly speaking
ært (-en, -er) pea

ø (-en, -er) island
øje (-t, øjne) eye
øjeblik (-ket, -ke) moment
øl (-let) beer
øl (-len, -ler) (bottle/glass/can of) beer
ønske to wish
øre (en, -) øre, 1/100 of a krone
øre (-t, -r) ear
øse (-te, -t) ned to pour down
øst (-en) East
Østjylland East Jutland
øve sig to practise

å (-en, -er) stream, rivulet
åben open
åh oh
år (-et, -) year
århundrede (-t, -r) century
årlig annually
årsag (-en, -er) cause
årsdag (-en, -e) anniversary

Index

Numbers refer to sections, unless otherwise indicated.